华夏智库·企业培训丛书

ZHANLUE
LUXIANTU

战略路线图

王靖飞 著

经济管理出版社

ECONOMY & MANAGEMENT PUBLISHING HOUSE

图书在版编目（CIP）数据

战略路线图/王靖飞著 . —北京：经济管理出版社，2015.1
ISBN 978 - 7 - 5096 - 3570 - 4

Ⅰ . ①战… Ⅱ . ①王… Ⅲ . ①企业战略—研究 Ⅳ . ①F272

中国版本图书馆 CIP 数据核字（2014）第 312582 号

组稿编辑：张　艳
责任编辑：张　艳　范美琴
责任印制：黄章平
责任校对：超　凡

出版发行：经济管理出版社
　　　　　（北京市海淀区北蜂窝 8 号中雅大厦 A 座 11 层　100038）
网　　址：www. E - mp. com. cn
电　　话：（010）51915602
印　　刷：三河市海波印务有限公司
经　　销：新华书店
开　　本：720mm × 1000mm/16
印　　张：13
字　　数：165 千字
版　　次：2015 年 3 月第 1 版　2015 年 3 月第 1 次印刷
书　　号：ISBN 978 - 7 - 5096 - 3570 - 4
定　　价：36.00 元

前　言

无战略，必败！

历经几十年市场经济的熏陶，如今很多企业对战略重要性的认识已经达到一定水平。如何制定企业战略，如何落实企业战略，如何使战略成为企业各部门的共同目标，如何使宏观战略连接日常运营等，这些问题已经成为很多企业家挥之不去的困惑。

战略对于企业的重要性，是显而易见的。正如一个人一样，如果没有目标，就没有灵魂。对企业来说，战略就是决定组织将要干什么以及如何干的问题。企业经营战略是决定企业经营活动成败的关键性因素。如果经营战略选择失误，那么企业的整个经营活动就必然会面临瘫痪。

战略是企业实现自己理性目标的前提条件。为了实现自己的所谓生存、盈利、发展的理性目标，企业就必须要首先选择好经营战略，如果选不好，企业的理性目标就难以实现。

战略是企业长久、高效发展的重要基础。如果经营战略选择失误，企业即使在某一段时间里具有较强的活力，但最终也很难成为"百年老店"，只不过如同过眼烟云。

战略是企业充满活力的有效保证。企业有什么样的比较优势，就要充分发挥出来，如果选择了不能体现自己比较优势的经营战略，最后肯定会走入死胡同。

战略是企业及其所有员工的行动纲领。企业的日常经营活动必须服从于自身的经营战略，任何人都不能随意更改已经决定的经营战略。

由此可见，企业只有具备了一个很好的经营战略，所有的人都按照经营战略安排自己的日常经营活动，企业才能充满活力而又有序发展。世界500强之所以能成功，就在于有一个坚定不移的核心战略。

可是，如今国内的一些企业却不知道如何运用经营战略，或者说不知从何做起。更有甚者，错误地对企业进行诊断，把企业引入一条不归路：业务靠机会、政策，不能主动升级转型；组织结构没有重点，不能按照业务重点开展组织设计；企业的使命和文化等不能支撑战略的实现；企业使命的表达有问题；等等。

战略是企业的灵魂。不能确定自己的正确使命，企业注定走不远。为什么很多小企业发展不起来，究其根本就在于没有战略。如果中小企业能够好好学习一下有关企业战略的理论，然后把这些观点和自己的企业有机结合在一起，企业的成长空间必然很大；反之，三年倒或七年倒，必然走不出历史的宿命！

目　录

第一章　战略缺失，企业"过劳死"的根源

一个企业不是由它的名字、章程和公司条例来定义的，而是由它的任务来定义的。企业只有具备了明确的任务和目的，才能制定明确和现实的企业目标。

——彼得·德鲁克

一、战略缺失，中国企业普遍存在的通病

如今许多中小企业的决策者在提及公司的营销思路、竞争策略、宣传策略时，都能侃侃而谈，但很少有人会考虑清楚企业的发展思路。许多管理者对企业发展战略不够重视，让企业患上了管理"近视症"，企业踏步不前或走向衰落。

一个学服装设计的朋友从英国回国后创立了自主品牌，在上海徐家汇开了一家店。不可否认，朋友的设计水平确实不容小觑。但是，在创业过程中，

她在营销上却遇到不少问题，比如渠道拓展，她向我请教："我是该采用连锁加盟模式、直营店，还是进入百货？"

我没有立刻回答她，而是反问她："你的目标客户是什么人群？他们的核心需求是什么？你的产品定位、品牌定位、商业模式又是什么？"面对这一连串的问题，朋友不知所措。

她思考了一会儿，对我说："①主要消费群体是从事艺术类工作的人士，比如演艺人员、画家等。②产品定位是时尚而不奢华的小礼服，既可用于正式场合，也可在平日穿。③采用的面料来自国外，产品价格相对较高。"

根据她讲述的情况，我得出以下结论：①她的品牌价位较高，目标消费群不是普通大众。②产品可以定位为时装小礼服，甚至可以形成一个独特的品类。③虽然产品款式特色鲜明，但产品线却残缺不全。④终端店铺建设缺乏统一形象，没有营造出品牌氛围。⑤该品牌定位高端，就不宜片面追求店铺数量，应当集中精力开设精品店。最后，我建议她："如果想开拓全国市场，在资金有限的情况下，不妨尝试一下电商B2C模式。"

听完我的分析之后，朋友感慨道："我只是擅长做服装设计，却不懂得商业运作，但是要将品牌做强做大，如果没有系统的商业思考，是根本无法实现的。"

在公司运营的过程中，战略定位是最核心的关键要素之一，关系到整个公司和品牌的发展方向。缺乏战略定位是中国绝大多数企业面临的共同问题。

厦华是一家以彩电为主的企业，2000年刚获得全国驰名商标，2001年就出现了大幅亏损。失误之一是在产业上贪大求全：他们错误地理解规模经济理论，不顾企业自身的条件和环境，盲目追求上规模、争排名、争销售增长率；由于新上项目的资本需求量很大，多数项目的投入都不足，造成因缺乏资金而不能正常营运；加上在技术、人才、经营、管理方面都不具备成功条件，企业的风险接二连三地出现。

厦华的资产只有15亿元，却囊括了五大产业（彩电、手机、电脑、传真机、显示器）。以厦华目前的资金和实力，根本不足以把这五大产业都发展起来。即使15亿元都投到手机产业上，也无法与摩托罗拉抗衡。如果不注意调整的话，"5个孩子"都长不大。

最后，厦华调整了自己的思路，把一些获利能力低、耗用资金量大、需要再进行大规模投资的产业"嫁出去"，通过与别人合资，甚至让别人控股，由他们去创造上市的机会，从而减轻财务上的压力，加强核心产品生产的资源保障力度。

像厦华这样的企业，都是在遇到危机，感到资源贫乏，有限的资源必须更仔细地分配时，才意识到企业需要战略思考。而事实上，公司无论处于兴旺时期还是危机时期都必须坚持战略思考。

一般来说，企业战略的缺失都是由三种原因造成的：一是战略不能应对外在环境的改变；二是战略太过激进；三是战略方向不清。当经营环境发生颠覆性的变化，特别是替代性技术出现时，企业依然难以忘记过去的成功；有的企业家没有充分考虑企业现有的实力，过度多元化造成资源的过度分散。这些都是造成企业停滞不前甚至下滑的原因。

那么，缺乏战略，企业会有哪些表现呢？

（一）经营战略思考方向的部分缺失

经营战略方向的思考实质上就是企业发展中战略目标的确定。战略的本质是抉择、权衡和各适其位。中小企业在经营战略思考上的部分缺失主要表现在以下三个方面：

1. 没有确定好企业经营战略目标与企业社会价值和责任

从企业作为社会成员的角度来确定企业的经营战略方向，比如，你是为了什么而存在的。

2. 没有长期行业发展的企业经营战略目标

不仅要对行业发展进行充分的分析，还要确定企业在该行业或者在其他行业中的竞争作为。

3. 缺乏对企业阶段经营的合理效益目标

企业在不断发展过程中，作为经济实体在阶段性产出的效益上要有一个个具体而合理的经济目标。

以上三个方面，从企业的社会性、企业的行业特征到企业的效益本质，系统地勾勒出了企业在做经营战略思考时，必须要考量的坐标系。只要缺失了其中一项的思考，企业的经营战略方向就会是不完整的并且没有很强的企业指导性。

美国柯达公司在数码照相产品已经推出市场时，没有将如何发展与消费市场相适应的数码影印产品作为自己的经营战略目标，仍然固执地认为传统产业不会被数码产品所替代。结果随着传统照相产品的迅速缩水，柯达公司全球 50 强一下就跌出了 500 强之列。

这就是典型的企业经营战略方向思考缺失的案例。

（二）经营战略制定内容的部分缺失

企业制定经营战略规划内容的缺失，并不是一般人见到的方案结构的残缺或者是不完整。企业经营战略发展规划会有什么内容容易缺失呢？

（1）对企业外部环境特别是本行业竞争格局的分析缺失。

（2）不能客观和全面地认识和面对企业内部的优劣势。用理想主义代替经营的科学决策。

（3）没有具体能执行的行动策略。许多企业的经营战略发展规划只是泛泛而谈，结果最多只能达到统一认识的目的，而不能起到统一步调、统一节奏的作用。

（4）缺失对于企业经营战略发展规划的风险预估和具体的风险防范的手段。

上面的这些经营战略制定内容的部分缺失现象，在大多数中小企业中都不同程度地存在，而且还很不容易被发现，或者是即使发现了也不容易得到很顺利地反映和处理。

（三）经营战略执行的部分缺失

经营战略要想产生预期的效果，就必须通过企业团队的有效执行来完成。可是，正处于发展困局的中小企业，大多数都存在不同程度的企业经营战略执行缺失。概括起来，基本上会出现如下五种执行缺失：

1. 缺失执行方向

不是预先没有经营战略方向，而是变化得太快、太没有道理。之所以会出现这种情况，往往是由于企业决策者预先的决策依据发生了变化，或者是对预先所定的企业经营战略信心不足，一旦有风吹草动就改变航道。

2. 缺失执行能力

这种缺失原本并不可怕，知不足而后勇也可成大事。问题主要存在于这样几个方面：关键的岗位执行能力不足；关键的时候执行能力缺失；不能直面执行能力缺失并固执和不愿意改正；并没有意识到经营战略的实施不利是由于执行能力缺失造成的。

3. 缺失执行策略

如果团队执行企业经营战略发展规划除了明确方向外，并不知道在实施过程中该如何处理遇到的各种困难，并掌握处理困难的各种策略，其结果也会是不圆满的。

4. 缺失执行资源

企业资源缺失并不是一个绝对概念，而是一个相对概念。企业的经营战略发展规划往往是有先后、有主次、有内外的，从战略的源头上就必须确保企业发展的主要方面、重要方面、内因方面的执行资源充足。特别是正处于发展中的企业，在实施企业经营战略时更要确保主攻方向的资源投放充足，不到万不得已不要唱空城计。

5. 缺失执行团队

这种执行缺失是属于企业系统问题的具体反映，一般会有三种具体现象：执行团队领导力和管理力的缺失、执行团队能力匹配的缺失、执行团队配合程度的缺失。

二、只顾眼前利益，缺乏长远的战略目标

有这样一个故事：

从前，有两个饥饿的人得到了一位长者的恩赐：一根鱼竿和一篓鲜活硕

大的鱼。其中，一个人要了一篓鱼，另一个人要了一根鱼竿，最后他们分道扬镳。

得到鱼的人在原地用干柴搭起篝火煮起了鱼，他狼吞虎咽，还没有品出鱼肉的鲜香，转瞬间，连鱼带汤就被他吃了个精光，不久，他便饿死在了空空的鱼篓旁。另一个人则提着鱼竿继续忍饥挨饿，一步步艰难地向海边走去。可是，当他已经看到不远处那片蔚蓝色的海洋时，最后一点力气也使完了，只能眼巴巴地带着无尽的遗憾撒手人间。

在他们之后，又有两个饥饿的人，同样得到了长者恩赐的一根鱼竿和一篓鱼。可是，他们并没有各奔东西，而是一起去找寻大海。他俩每次只煮一条鱼，经过遥远地跋涉，终于来到了海边，从此，两人便开始了捕鱼为生的日子。几年后，他们盖起了房子，有了各自的家庭、子女，有了自己建造的渔船，过上了幸福安康的生活。

一个人只顾眼前的利益，得到的终将是短暂的欢愉；一个人目标高远，但也要面对现实的生活。只有把理想和现实有机结合起来，才有可能成为一个成功之人。企业管理也是如此！

2008年中国奶制品污染事件是中国的一起食品安全事件。事件起因是很多食用三鹿集团生产的奶粉的婴幼儿被发现患有肾结石，随后在其奶粉中发现有化工原料三聚氰胺。

根据公布的数字，截至2008年9月21日，因使用婴幼儿奶粉而接受门诊治疗且已康复的婴幼儿累计39965人，正在住院的有12892人，此前已治愈出院1579人，死亡4人……事件引起各国的高度关注和对乳制品安全的担忧。

中国国家质检总局公布对国内乳制品厂家生产的婴幼儿奶粉的三聚氰胺

检验报告后，事件迅速恶化，包括伊利、蒙牛、光明、圣元及雅士利在内的多个厂家的奶粉都检出三聚氰胺。该事件让中国制造的商品信誉受到重创，多个国家禁止了中国乳制品进口。

一个企业如果鼠目寸光，没有长远目标，没有社会责任，甚至逆潮流而动，必然灭亡。中国的三鹿就是如此！那些没有社会责任的企业迟早会走上和三鹿一样的不归路。

在我们身边，很多企业忽略了永续经营的最终目标，一味追求短期效益或者仅仅是利润最大化和规模的增长；有的企业虽然制定了战略目标，但由于战略目标的不切实际，很轻易就变成一纸空文，或者造成企业为实现这个战略目标而陷入多元化经营的陷阱。

战略目标是对企业战略经营活动预期取得的主要成果的期望值。战略目标的设定，同时也是企业宗旨的展开和具体化，是企业宗旨中确认的企业经营目的、社会使命的进一步阐明和界定，也是企业在既定的战略经营领域展开战略经营活动所要达到的水平的具体规定。

一般来说，确定战略目标需要经历调查研究、拟定目标、论证和评价以及目标决断这样四个具体步骤。

1. 调查研究

在制定企业战略目标之前，必须进行调查研究工作。但是在进入确定战略目标的工作中还必须对已经做过的调查研究成果进行复核，进一步整理研究，把机会与威胁、长处与短处、自身与对手、企业与环境、需要与资源、当前与未来加以对比，搞清楚它们之间的关系，才能为确定战略目标奠定比较可靠的基础。

调查研究一定要全面进行，但又要突出重点。为确定战略而进行的调查研究是不同于其他类型的调查研究的，它的侧重点是企业与外部环境的关系和对未来的研究与预测。

关于企业自身的历史与现状的陈述自然是有用的，但是，对战略目标决策来说，最关键的还是那些对企业未来具有决定意义的外部环境的信息。

2. 拟定目标

经过细致周密的调查研究，便可以着手拟定战略目标了。

拟定战略目标一般要经历两个环节：拟定目标方向和拟定目标水平。首先，在既定的战略经营领域内，综合考虑外部环境、需要和资源，确定目标方向。其次，通过对现有能力与手段等多种条件的全面衡量，对沿着战略方向展开的活动所要达到的水平做出初步的规定，这样就可以形成可供决策选择的目标方案了。

需要注意的是，在确定过程中，必须注意目标结构的合理性，并要列出各个目标的综合排列次序。另外，在满足实际需要的前提下，要尽可能减少目标的个数。一般采用的方法是：把类属的目标合并成一个目标；把从属目标归于总目标；通过度量求和、求平均或过程综合函数的办法，形成一个单一的综合目标。

在拟定目标的过程中，领导要注意充分发挥参谋智囊人员的作用。要根据实际需要与可能，尽可能多地提出一些目标方案，以便对比选优。

3. 论证和评价

战略目标拟定出来之后，要组织多方面的专家和有关人员对提出的目标方案进行论证和评价。

（1）论证和评价要围绕目标防线是否正确进行。

要着重研究：拟定的战略目标是否符合企业精神，是否符合企业的整体利益与发展需要，是否符合外部环境及未来发展的需要。

（2）论证和评价战略目标的可行性。

论证与评价的方法主要是按照目标的要求，分析企业的实际能力，找出目标与现状的差距，然后分析用以消除这个差距的措施，而且进行恰当的运算，尽可能用数据说明。如果制定的途径、能力和措施，足以消除这个差距，那就说明这个目标是可行的。

（3）对所拟定的目标完善化程度进行评价。

要着重考察这样几项，如表 1-1 所示。

表 1-1　对拟定目标评价的标准及说明

标准	说明
目标是否明确	所谓目标明确，是指目标应当是单义的，只能有一种理解，而不能是多义的；多项目标还必须分出主次轻重；实现目标的责任必须能够落实；实现目标的约束条件也要尽可能明确
目标的内容是否一致	如果内容不协调一致，完成其中一部分指标势必会牺牲另一部分指标，那么，目标内容便无法完全实现
有无改善的余地	在论证和评价时，如果人们提出了多个目标方案，这种评价论证就要在比较中恰当进行。通过对比、权衡利弊，找出各个目标方案的优劣所在。如果发现拟定的目标完全不正确或根本无法实现，就要回过头去重新拟定目标，然后重新论证和评价

4. 目标决断

在决断选定目标时，要注意从以下三方面权衡各个目标方案：目标方向的正确程度、可望实现的程度和期望效益的大小。

目标决断，必须掌握好决断时机。战术目标决策常常会时间比较紧迫，回旋余地很小，而且战略目标决策的时间压力相对不大。

在决策时间问题上，一方面要防止困难都还没有搞清楚之前就轻率决策；另一方面又不能优柔寡断，贻误时机。

三、"短、平、快"，重效益、轻管理

只重过程的"短、平、快"，不重效益的企业是无法生存的。可是，如果只重视效益，而不重视管理，也会让企业走入死胡同。

2003 年 8 月 26 日凌晨 2 点，位于郑州高新技术开发区中心的河南恒生中科化工股份有限公司的仓库大楼发生重大火灾爆炸事故。接到火警后，消防部门立即出动了 23 辆消防车、131 名消防官兵赶往事故现场救火。由于行动及时，大火在 3 点 30 分被全部扑灭，没有人员在事故中伤亡。

恒生中科化工股份有限公司是主要生产建筑涂料和清洗剂，是当地重点扶持企业，即将上市。据消防部门介绍，这家公司在安全管理中存在诸多问题，由于公司效益一直较好，公司只重视经济效益，忽视了安全管理，厂内原料、半成品任意堆放，消防措施落实不到位，最终酿成事故。

企业想要获得不错的发展，必须要有一定的规章制度。古语云：无规矩不成方圆，从这句就可以看出规矩和制度的重要性。只有制定了严格的制度，企业才能达到有序的管理，才可以促进企业的发展，才能够受到人们的喜爱。

（一）认清各种管理模式

概括起来，企业管理主要有以下几种模式：

1. 亲情化

这种管理模式利用家族血缘关系中的内聚功能，试图通过家族血缘关系的内聚功能来实现对企业的管理。从历史上看，虽然企业在其创业的时期，这种亲情化的企业管理模式确实起到过良好的作用，但是，当企业发展到一定程度的时候，尤其是当企业发展壮大之后，这种亲情化的企业管理模式就很快会出现问题。因为这种管理模式中所使用的家族血缘关系中的内聚功能，会转化成为内耗功能。

2. 友情化

这种管理模式也是在企业初创阶段有积极意义，很有内聚力量的。但是当企业发展到一定规模，尤其是企业利润增长到一定程度之后，友情就淡化了，企业如果不调整这种管理模式，必然会导致衰落甚至破产。

民营企业"万通"，开始的时候就是五个情投意合的人创办的一个友情化企业。当时，大家都可以卧薪尝胆，创业者之间完全可以不计较金钱。但是，当"万通"拿到第一笔大利润的时候，五个人就开始有所摩擦。后来，"万通"创业者各自另起炉灶，孵化出了好几个企业。

3. 温情化

这种管理模式强调，管理应该更多地调动人性的内在作用，只有这样，才能使企业很快地发展。在企业中强调人情味儿的一面是对的，但是不能把强调人情味儿作为企业管理制度的最主要原则。过度强调人情味儿，不仅不利于企业发展，还会让企业失控，甚至破产。

其实，温情化管理模式就是想用情义中的良心原则来处理企业中的管理关系。在经济利益关系中，所谓的良心是很难谈得清楚的；如果笼统地讲什么良心，不触及利益关系，不谈利益的互利，是很难让被管理者好好干的。

管理并不只是讲温情，首先是利益关系的界定。只有那种在各种利益关系面前"毫不手软"的人，尤其对利益关系的界定能"拉下脸"的人，才能成为职业经理人。

4. 随机化

随机化在现实中具体表现为两种形式：

一种形式是民营企业中的独裁式管理。有些民营企业的创业者很独裁，他说了算，他随时可以改变任何规章制度，他的话就是原则和规则，这种管理属于随机性的管理。

另外一种形式就是发生在国有企业中的行政干预，即政府机构可以任意干预一个国有企业的经营活动，最后导致企业的管理非常的随意化。

可见，这种管理模式要么表现为民营企业中的独裁管理，要么表现为国有企业体制中政府对企业的过度性行政干预。很多民营企业的垮台，就是由于推行这种随机化管理模式造成的。

5. 制度化

所谓制度化管理模式，就是指按照一定的已经确定的规则来推动企业管理。当然，这种规则必须是大家所认可的带有契约性的规则，同时这种规则也是责、权、利对称的。

未来企业管理的目标模式是以制度化管理模式为基础，适当地吸收和利用其他几种管理模式的某些有用的因素。制度化管理比较"残酷"，适当地引进一点亲情关系、友情关系、温情关系确实有好处。被管理的主要对象是人，不是一般的物品，是有各种各样的思维的，是有能动性的，所以完全讲制度化管理也不行。

6. 项目化

项目化管理就是指在一定的条件与资源情况下，通过一系列的方法与手段，对所有的项目进行有效的管理活动，并且对所管理的项目进行优化的过程。具体来说就是，对一项活动从决策开始到结束的全过程进行详细的、有条理的管理。

将项目化管理应用在企业管理过程中，改变了过去较为传统的管理观念，主要有如下优势：

（1）项目化管理注重在整个项目的实施过程中进行全方位的监督与管理，有效地补充了传统管理方式中对些许部门的遗漏。

（2）将参加整个项目的员工整合到一个流程内，有效地增加了企业内部员工的团队意识，形成了企业的内部文化。不论是管理层还是普通员工，都有参与这个项目的意识，都认为自己是某个项目中的一份子，自然就会不知不觉地都组织到一起了。

（3）通过整个项目的整合与细致化的管理，可以加强企业的内部管理能力，减少相关部门之间的冲突与矛盾，优化了工作流程，有效降低了企业成本，实现了企业资源的优化配置。

（二）提升企业管理水平

企业管理水平的高低决定着企业发展的方向与持续经营的时间，如何提高企业管理水平，是企业应予以高度重视并亟待解决的问题。随着市场竞争的日益激烈，企业要想在激烈的市场竞争中立于不败之地，就要不断地提高企业管理水平。如何做到这一点呢？

1. 做好企业各项基础管理工作

企业基础管理工作的内容主要包括：

（1）标准化工作。标准化工作要具有"新（标准新）、全（标准健全）、高（标准水平高）"的特点，包括技术标准、管理标准和工作标准的制定、执行和管理的工作过程。

（2）定额工作。所谓定额，就是在一定生产技术条件下，对于人力、物力、财力的消耗、利用、占用所规定的数量罚限。

定额工作有这样几点要求：

首先，要具有实践性，不是主观臆造；

其次，要具有权威性，是经过一定的审批程序颁发的；

再次，要具有概括性，是对实践的抽象；

最后，要具有阶段性，定额要阶段性地适时进行调整。

（3）计量工作。没有实测的和准确可靠的数据，企业的生产和经营管理就会失去科学依据。

计量工作的核心是获得数据、评价数据。

（4）信息工作。信息工作就是指企业生产经营活动所需资料数据的收集、处理、传递、储存等。企业必须健全数据准确和信息灵敏的信息系统，使生产经营过程逐步纳入电子计算机管理轨道。

（5）完善规章制度工作。要建立和健全一套纵横连锁、互相协调的企业内部经济责任制体系。

（6）基础教育工作。大力提高职工的政治、文化和技术素质。

2. 强化管理会计职能

管理会计的基本职能就是"管理"，确切地说，是参与企业管理。管理会计的管理职能以企业经营活动的时间顺序划分，可以分为事前、事中和事后管理三个环节，如表 1 – 2 所示。

表1-2　管理会计的环节和内容

环节	内容	说　明
事前管理	预测	采取各种技术方法广泛收集有关企业内部条件、竞争者经营状况及市场变动趋势等数据资料，对企业长期投资项目预期收益及企业未来发展方向进行分析与推测，整理出比较详细的书面报告或报表材料
	决策	根据管理决策者的特殊需要，提供相关的会计信息，在对各种数据资料深入分析的基础上，提出多种可供选择的方案，并对各种可行性方案比较、评估和权衡后，向决策者提供参考性的意见
	计划	根据项目的目标、特点、所具备的条件，对企业资源进行全面规划和安排
事中管理	组织	根据计划安排，帮助管理者以最少的信息，有针对性地向管理者提供有关调整原有计划、修订经济指标、完善经济措施的建设和参考方案
事后管理	核算	就是对企业所发生的经济数据进行记录、分类、对比
	分析和考核	即评价企业活动，衡量管理者和经营者业绩，并对改善企业管理和提高经济效益提供参考意见

3. 完善企业统计制度

企业统计工作，既是实现企业管理现代化的手段，又是企业现代化的一项主要内容。

利用统计信息，不仅可以对事物本身进行定量、定性分析，还可以对不同事物进行有联系的综合性分析；既可以横向对比，也可以总结历史预测未来。因此，企业必须建立和完善统计工作制度，形成一套合理、有效的企业统计管理模式，提高统计人员的素质，强化统计管理。

（1）设立综合统计机构或岗位并明确其职责。

对内层层审核并进行综合分析研究；对外统一报送，避免"数出多门"，保证数据质量。

（2）明确各个职能部门的统计职责。

为确保企业统计资料的系统性、完整性，应该在各部门的工作职责中明确相应的统计责任，要求其按统一口径、范围及时间提供相应的统计资料。

（3）统计信息的交叉多向应用。

1）各种基础统计信息向各职能部门报送，满足各职能部门的汇总需要；

2）各职能部门的专项信息向综合统计机构或岗位报送，满足其综合分析研究的需要；

3）经过加工、分析的各种综合信息向企业领导、各职能部门及基层单位多向运行，满足其管理决策、了解情况、发现问题的需要。

4. 运用情感管理手段

情感管理，可以增强管理者与员工的情感联系和思想沟通，满足员工的心理需要，尊重、关心员工，形成和谐融洽的学习和工作氛围。

应用情感激励，领导必须要营造一种相互信任、相互关心、相互体谅、相互支持、互敬互爱、团结融洽的氛围。作为管理者，首先要摆正和被管理者的关系，积极与人交往，与员工进行直接交流。

四、自说自话，产品价值取向不定

如今，有些企业以市场的变化、顾客的需求作为企业经营策略的指南针，但大多数企业仍按照自己的想法进行新产品的开发和市场的开拓。这种企业导向的直接结果是"以我为主"的思维方式，而这种思维方式不一定能够保证生产出的产品能满足顾客的需要，从而无法转化为企业创造的价值。2009年通用申请破产保护，就很好地说明了这一点！

2009年6月1日，全球汽车行业的巨擘美国通用汽车宣布正式实施破产保护。而在过去一个多世纪中，通用汽车曾经占据了长达70多年的业内老大地位，甚至长期位列《财富》杂志500强的榜首，是美国汽车制造业的象征。

通用汽车之所以至此境地，病根就在于企业的管理体制。由于公司过于贪大求全，最终导致企业运行机制出现"大而僵"的问题，突然爆发的次贷危机不过是压垮企业的最后一根稻草。超大型的企业往往会在管理体制上出现问题：企业内官僚习气盛行、信息传递不畅，甚至出现店大欺客的弊病，最终企业提供的产品偏离消费者愿望，陷入困境。

在进行产品创新时，通用汽车热衷于大排量。消费者的需求是多元化的，但是多年来通用却一直热衷于皮卡、SUV和大排量轿车。这些车型虽然能够给通用带来较高的单车利润，但随着油价的持续飙升、能源供给日趋紧张，消费者开始追求节能环保，摒弃了大排量汽车，而当通用等美国汽车企业发现这一变化，却为时已晚。

对消费者的淡漠必然会遭遇市场的恶性报复。随着次贷危机的突然爆发，美国消费者干瘪的荷包再也无法承受大排量汽车的高昂消耗，最终导致通用汽车走向了没落，2010年经过破产重组，现已焕发生机。

通用的故事告诉我们，只有不断跟踪顾客需求变化，才能在市场竞争中尝到甜头，畅销的产品不仅会为企业直接创造价值，还可以建立最可贵的顾客品牌忠诚度。

产品价值是由产品的功能、特性、品质、品种与式样等所产生的价值。它是顾客需要的中心内容，也是顾客选购产品的首要因素，因而在一般情况下，它是决定顾客购买总价值大小的关键和主要因素。

在经济发展的不同时期，顾客对产品的需要有不同的要求，构成产品价值的要素以及各种要素的相对重要程度也会有所不同。例如，在计划经济体制下，产品长期短缺，人们把获得产品看得比产品的特色更为重要，因而顾客购买产品时更看重的是产品的耐用性、可靠性等，而对产品的花色、式样、特色等却较少考虑；在市场商品日益丰富，人们生活水平普遍提高的今天，顾客往往更重视产品的特色质量，如功能齐备、质量上乘、式样新颖等。

因此，企业必须认真分析不同经济发展时期顾客需求的特点，并据此进行产品的开发与设计，增强产品的适应性，从而为顾客创造更大的价值。

如何提高产品的价值呢？可以采用这样一些方法：

1. 提高产品功能

提高产品价值的一个方法，是将产品的功能提高、成本下降。例如，使用新技术使实现某种功能的产品在结构或方法上实现较大的突破，这不仅有助于产品功能的提高，还可以使产品的成本降低，从而使价值有较大的提高。

2. 成本不变，功能提高

例如，许多生活用品，人们对其要求不断增加，那些样式陈旧、设计乏味的产品就会不受欢迎，如果对其进行重新设计，使其式样和颜色都适应时代的变化，这样不用增加成本，就可以提高它们的功能，继而以提高产品价值。

3. 降低成本，提高价值

例如，随着新材料、新工艺的出现，在满足对原有产品功能要求的前提下，降低成本，比如保持产品的总体寿命，适当减少零部件寿命，可以使产品成本降低、价值提高。

4. 增加成本，提高功能和价值

例如，产品在由单功能向多功能的发展中，成本虽然有所提高，但是功能却成倍增加，从而使价值大大提高。

5. 降低功能，成本大降

适当降低某些产品的功能，依然可以满足某些用户的需要。由于该水平功能的技术条件比较成熟，成本会大大降低，产品的价值也就提高了。

五、看重人治权威，忽视法治力度

人治的企业是一个人说了算的企业，这种企业也会有制度，但制度体现了专制者的意志，是制约别人而不制约他的。这种企业也许有董事会之类的机构，但形同虚设，决策由一个人做出，几乎大小事都由一个人说了算，这个人甚至会成为企业的神，他的"语录"作为最高指示，他的思想观念体现在企业的各个方面，企业成了人的化身。

在人治企业中，人在企业在，人亡企业亡，几乎成为一个规律。历史上典型的人治企业的例子莫过于福特汽车公司了。

福特公司由亨利·福特一手创建，应该承认，福特的确是一个汽车天才，懂技术、懂经营、有思想、有胆识。他提出汽车进入家庭的观念，发明了高效实用的 T 型汽车，并发明自动生产线，实行效率工资，使汽车价格由最初的 4700 美元下降到 1914 年的 360 美元。

汽车成为普通交通工具。他不仅造就了一个福特公司，而且造就了一个至今仍然兴旺的汽车行业。在福特公司，福特绝对是独裁者，一切由他说了算。当通用公司等企业致力于汽车的舒适化、多样化、个性化时，福特坚持生产单一的 T 型汽车，拒绝任何人的意见，甚至在别人研制出新型车时，他亲手毁掉了这辆样车。由于福特的顽固，福特公司走了下坡路。

很多企业经营者，无论是国有企业还是私营企业，都有一个共同的特点，就是经营者本人的领导权威影响极大。在一些企业中，甚至到了对其决策无人质疑的程度，而这从某种程度上加大了企业经营的风险，因为没有人可以永远正确。

而法治企业是按一套规定的制度运行的企业。这种企业也需要一个精明强干的企业家，而且他起着至关重要的作用，但他的作用与权力是制度赋予的，要受制度的制约。在制度面前，他和其他人是一律平等的。在企业实行法治时，每个人都明确自己的权、责、利，企业家不用事事亲为。

法治的企业可以靠一套制度来纠正个人的错误，即使最高领导人做出了错误的决策，也有一套纠错机制。这样，个人可以退出或死亡，但企业可以依靠制度而长青。任何人都是企业机器上的一个零件，零件坏了可以换，但整部机器仍在正常运行。康柏公司正是靠制度获得了新生。

20 世纪 80 年代起步的康柏公司在 CEO 罗德·凯宁的领导下取得了不凡的业绩。他们高质量的手提电脑与高速、大容量的微电脑曾风靡一时。公司成立 5 年后销售额突破 10 亿美元。

80 年代末，电脑开始普及之后，凯宁顽固地坚持高质量、高价格，反对低价、大批量普及的潮流。这时，董事会决策制度发挥作用，撤掉了顽固不化的凯宁，康柏又走向新生。

对比这两种企业可以看出法治对企业的重要性。一个人无论多伟大也不可能不犯错误，人治企业无法消除个人错误引起的恶果，而法治企业有消除这种错误的机制。强调法治并不是否认天才企业家的作用，而是强调个人要依靠制度起作用，并受制度制约。

这两种企业发展的结果是不同的。人治企业的成败完全取决于个人，可以说，没有这个人就没有企业的成功。但由于没有人能制约这个人，所以领导者的失误也会导致这个企业失败。

企业由人治走向法治是一个过程。在企业的起步阶段，人的作用更重要，一个成功的企业开始时更多靠的是能人，但在企业发展的过程中一定要从人治走向法治。从人治向法治的转变是企业关键的转变。如果不能完成这种转变，企业最终逃脱不了失败的命运。只有在完成这种转变之后，企业才能走上发展的正道。

六、只想用人，而不注重培养人才

许多中国企业感慨现在越来越难留住人了，不仅是留人，在企业招聘新员工时，中国企业也很难与外资企业抗衡。也许有人会将其归为企业工资太低的缘故，但根本上是企业内部没有激励机制的问题，除了在物质激励方面受现有资源限制导致企业缺乏吸引力外，很重要的一个原因是大多数企业只会用人，而没有培养人。

下面我们来借鉴一下世界知名企业的员工培训管理方法。

英特尔

英特尔有专门的新员工培训计划，比如，上班第一天会有公司常识的培训：各部门规章制度，在什么地方可以找到所需要的东西等。然后由经理分给新员工一个"伙伴"，新员工不方便问经理的随时都可以问他。

英特尔会给每位新员工一个详细的培训管理计划，第一周、第二周，第一个月、第二个月新员工分别需要做到什么程度，可能需要什么样的支持，都可以照着这个去做，公司也会随时追踪。新员工在三到九个月之间，会有一周关于英特尔文化和在英特尔怎样成功的培训。另外，公司会有意安排许多一对一的会议，让新员工与自己的老板、同事、客户有机会进行面对面的交流，尤其是和高层经理的面谈，给了新员工直接表现自己的机会。

微软

进入微软公司的第一步是接受为期一个月的封闭式培训，目的是把新人转化为真正的微软职业人。微软很重视对员工进行技术培训。新员工进入公司之后，除了进行语言、礼仪等方面的培训管理之外，技术培训也是必不可少的。微软内部实行"终身师傅制"，新员工一进门就会有一个师傅来带。此外，新员工还可以享受三个月的集中培训。

平时，微软也会给每位员工提供许多充电的机会：表现优异的员工可以去参加美国一年一度的技术大会；每月都有高级专家讲课。微软还提供诸如如何做演讲、如何管理时间、沟通技巧等各种职业培训。

宜家

宜家不喜欢把人放在一间屋子里整齐地坐好、听老师讲课，因此，宜家的培训是在员工之间，尤其是在新老员工之间，进行每时每刻、随时随地的经验分享与言传身教。宜家的培训规划有很多种，就英语来说，宜家会聘请外教，也会送员工去语言培训中心学习。

宜家还有一个特别之处，就是它的"外援"——来自瑞典总部的员工，分布在宜家的各个方面，从而可以把宜家的企业文化渗透到每一个"细胞"里去。

企业是由人组成的集合体。破解"企"字，有一个精当的说法："有人则企，无人则止。"人才是企业发展的非常重要的战略性资源。成功的企业，必然是能不断聚集和持续造就高素质人才的企业。

企业不仅生产产品，更生产人才。企业的竞争说到底是人才的竞争，如何开发人才、培养人才和使用人才，充分发挥人才的积极作用，已成为现今摆在每个企业面前的重要课题。针对企业如何培养和使用人才，笔者在这里提出几点建议：

1. 创新职工培训观念

员工培训并不会浪费人力、物力、财力，员工培训是企业的一种投资行为，是可以使企业获得长期综合收益的行为，其重要性比企业看得见的厂房投资、设备投资更为重要。

2. 创新员工培训方式

"你说我听，课后考试"的传统培训模式会让参加培训的员工对培训缺乏兴趣，很难取得好效果。因此，在员工培训方式上，要体现出层次性、多样性，要拉开梯度，采用不同性质的、不同水平的培训；要灵活、生动、活泼，易于被员工接受；要紧密联系实际，形成双方良性互动。

3. 创新员工培训计划

在注重针对性的前提下，必须体现出系统性和前瞻性。员工培训不仅仅是为了目前的需要，更要考虑将来的长远发展。要根据企业现状及目标，系统制订各部门、岗位的培训发展计划。要根据不同部门、不同层次、不同岗位制定具体多样的培训主题，在培训的内容上体现不同的深度。制定涵盖企业所有员工的持续的、经常性的培训机制。

4. 认真选择培训授课者

专门的培训师的选择固然非常重要，但企业内部领导以及职工成为培训师更容易被人认可。企业内的领导成为培训师有以下几个方面的优势：他们既具有专业知识，又具有宝贵的工作经验；培训自己的员工，肯定能保证培训内容与工作有关。企业内部员工成为培训师应当具备以下几个条件：足够的工作能力；受到同事的尊敬；善于与人沟通；愿与别人分享自己的经验与能力；关心企业的发展。

5. 创新员工培训考核方式

有些员工认为，培训的意义在于获得证书，而忽略了培训的实质，一旦获得所需要的证书，积极性就会消失。证书不一定要权威机构的，也可以是企业内部的，但企业要尽量使这个证书变得权威些，变得有吸引力些。

总之，员工培训是人力资源管理学科研究的重要内容之一，其实质是企业对人力资本的投资，企业真正重视员工培训，对企业、对员工将会是一个双赢的选择。

七、只见文化花瓶，不见文化建设

如今，很多企业都认识到了企业文化的重要性，这是一件好事。但是，仍然有很多企业在塑造企业文化的过程中，并不能切实发挥企业文化的作用，只是把企业文化当作一种"面子工程"：办公室张贴文化海报，走道里摆放文化框，车间里悬挂一些"催人奋进"的口号，公司展厅里放上企业文化词典，结果"多有人'观赏'，而少有人问'精'"。把企业文化当作一种供访客观赏的花瓶，实质是在曲解企业文化。

企业文化要协助企业统一思想，规范员工的行为，增加员工的工作激情和信心，增强团队的凝聚力，提高员工的工作效率，为企业创造实实在在的价值，而不能当作一种供人参观的摆设。换句话说，企业文化要以效益为导向，必须为企业创造实实在在的效益。

花瓶般的企业文化只能让企业获取最简单、最浅层次的投资回报，根本无缘更深层次的长期回报，实质是一种企业资源的巨大浪费。所以，我们会看到这样的现象：

企业文化不是花瓶，企业不能用买花瓶的思想来塑造企业文化，员工也不能用看花瓶的思想来学习和理解企业文化。企业文化，是企业综合实力的体现，是一个企业文明程度的反映，也是知识形态的生产力转化为物质形态生产力的源泉。

在公司面临新的形势、新的任务、新的机遇、新的挑战时，要想在激烈的市场竞争中取胜，把企业做大做强，实现企业的跨越式发展，就必须树立"用文化管企业"、"以文化兴企业"的理念。

1. 以人为中心

人是文化生成与承载的第一要素。企业文化中的人不仅仅是指企业家、管理者，也体现于企业的全体员工。企业文化建设中要强调关心人、尊重人、理解人和信任人。

2. 不搞形式主义

建设企业文化必须从员工的思想观念入手，树立正确的价值观念和哲学思想，在此基础上形成企业精神和企业形象，防止搞形式主义，言行不一。形式主义不仅不能建设好企业文化，而且是对企业文化概念的歪曲。

3. 注重个性化

每个企业都有自己的历史传统和经营特点，企业文化建设要充分利用这一点，建设具有自己特色的文化。企业有了自己的特色，被顾客所公认，才能在企业之林中独树一帜。

4. 不能忽视经济性

所谓经济性，是指企业文化必须为企业的经济活动服务，要有利于提高企业的生产力和经济效益，有利于企业的生存和发展。企业文化建设实际上是一个企业的战略问题，即文化战略。

5. 继承传统文化的精华

如何做到这一点呢？如表 1 - 3 所示：

表1-3 企业文化建设方法

方法	说　明
召开晨会、夕会、总结会	在每天的上班前和下班前用若干时间宣讲公司的价值观念。总结会是月度、季度、年度部门和全公司的例会，要将这些会议固定下来，成为公司的制度及公司企业文化的一部分
善于思想小结	定期让员工按照企业文化的内容对照自己的行为，自我评判是否做到了企业要求，积极改进
张贴标语	把企业文化的核心观念写成标语，张贴在企业的显要位置
树先进典型	通过典型员工可以形象、具体地明白"何为工作积极"、"何为工作主动"、"何为敬业精神"、"何为成本观念"、"何为效率高"，从而提升员工的行为
搞好网站建设	可以在网站上宣扬企业的方针、思想、文化，要积极寻找专业的跟企业文化相关的网站建设公司，建设更符合、更贴近公司的企业文化
进行权威宣讲	引入外部的权威进行宣讲是一种建设企业文化的好方法
外出参观学习	外出参观学习，会向广大员工暗示：管理者对员工所提出的要求是有道理的，因为别人已经做到这一点，我们应该改进工作向别人学习
讲些关于企业的故事	有关企业的故事在企业内部流传，会起到企业文化建设的作用
举办文体活动	文体活动指唱歌、跳舞、体育比赛、国庆晚会、元旦晚会等，在这些活动中可以把企业文化的价值观贯穿其中
引进新人引进新文化	引进新的员工，必然会带来些新的文化，新文化与旧文化融合就形成另一种新文化
积极开展互评活动	互评活动，是员工对照企业文化要求当众评价同事的工作状态，评价自己做得如何。通过互评，摆明矛盾，消除分歧，改正缺点，发扬优点，明辨是非，优化工作状态
创办企业报刊	企业报刊是对外宣传企业的窗口

第二章 战略制定，逆境下的 突破 "瓶颈" 之道

战略不能落实到结果和目标上面，都是空话。蒙牛不是策划出来的，而是靠踏踏实实的产品、服务和体系做出来的。

——马云

一、制定战略，重在形式与内容的高度统一

到底什么是战略？

"战略"一词，最早出现于军事领域。中国上古时期将战略称之为"庙算、谋、猷、谋略、韬略、兵略"等。可以说，在世界史上，"战略"一词是中国老祖宗的伟大发明。

一个国家要有国家的发展战略，一个企业要有企业的发展战略。企业，只有不断发展，才能与时俱进，才能长久立足于市场之林。然而，企业如何发展，如何来制定它的发展战略，都是企业管理者不得不面临的问题。

如何制定企业的发展战略？应当围绕如下几个原则：

1. 树立强烈的战略意识

作为企业，首先要有战略思维。如果管理者缺少战略思维和眼光，是很糟糕的。如果老板缺少这种能量，就要在聘任的职业经理人那里找到这种能量；如果职业经理人也缺少战略思维，可以接触一下咨询公司，找到一种战略思维。

有很多老板，长年不做广告，也不对外寻求策划，但是，却与广告咨询公司的智囊人物有着密切联系，经常一起吃饭、交流、活动。为什么要这样？他们就是希望能通过这种接触方式，得到更多的"灵感"，开启战略思维。

战略是一个过程，不是空洞的口号，往往需要一个系统规划才能成形。

2. 明确企业的定位

企业要做战略，离不开"5个W"原则：我是谁，我从哪里来，我现在在哪里，我要到哪里去，我如何去。

首先，要进行明确定位。如果不了解自己的企业定位、品牌定位，企业迟早会被市场淘汰。对企业定位，则要看企业处于什么发展阶段，是初期创业，还是发展中，还是扩张期，或是成熟型企业。

其次，要明确企业实际可利用资源的配置、整合与对位。没有这个作为战略的支撑，战略则永远是摆设，没有任何意义。时下，有两种现象值得探讨：

（1）老板不知战略为何物。在中国化妆品行业成功的品牌中，至少有50%以上的老板不知道自己的事业为什么成功的，乱打乱撞乱发财；有40%的企业老板则是靠关系成功的，即渠道关系、客情等；只有5%的企业是讲究企业战略的，较为规范的，知道自己成功和失败在哪。

（2）把战略当作一种摆设。广告咨询公司的兴起，是企业需求的结果。其实，诸多广告咨询公司提供的战略方案，企业并没有真正重视，更多成为一种摆设，用来取悦客户、装点门面、制造声势。

3. 制定科学的战略制定程序

制定战略，不是"拍脑袋"的活，但是这种"拍脑袋"的做法却甚为风行。更为重要的是，这种"拍脑袋"的战略老板想怎么样就怎么样，全然不顾员工的思想，不顾市场的反馈。这种没有形成指导方案的所谓"点子战略"，最终带给企业的可以说大多不是好果子。

要想制定适合企业的战略，必须严格依照一套战略制定的程序来执行。简单地说，制定一个企业发展战略，需要完成四个步骤，如表2-1所示：

表2-1　制定企业发展战略的步骤

步骤	内容	说　明
第一步	自检	对企业自身的运营状况进行检查。检查工具往往运用西方的SWOT分析法，中国的WWWQ（望闻问切），检查的结果报告就是制定企业发展战略的重要依据
第二步	设置企业发展目标	如何科学、合理地设置企业目标？很多企业在这方面都是茫然的，在他们眼里，除了销售目标就没有其他目标
第三步	制定战略	战略不是一句话，也不是口号，需要用文字、数学逻辑和方案来表达，所以在制定企业战略时，必须以战略方案或战略执行手册来完成表达
第四步	战略的执行与配套	企业战略的执行在一些行业是相当差的；在战略配套方面，更是不值一提，因为很多老板还不知道到底怎样才是资源配套

4. 落实企业战略的应用执行

战略一旦制定，就不能束之高阁，在接下来的过程中，要展开战略相关的培训，使每个员工都具有强烈的企业责任感和使命感，从而形成更加强大的企业凝聚力和战斗力。

可是，很多企业的表现并不尽如人意，制定战略的结果，往往能传达至公司员工高层就万事大吉，好像战略与中低层员工无关。这样做，企业的执行力从哪里来，竞争力从哪里来？

二、明确企业使命，制定可行性战略目标

企业在制定战略之前，必须先确定企业使命！20 世纪 20 年代，AT&T 的创始人提出了"要让美国的每个家庭和每间办公室都安上电话"。20 世纪 80 年代，比尔·盖茨如法炮制："让美国的每个家庭和每间办公室桌上都有一台 PC。"到今天 AT&T 和微软都基本实现了它们的使命。

使命足以影响一个企业的成败！彼得·德鲁克基金会主席、著名领导力大师弗兰西斯女士认为：一个强有力的组织必须要靠使命驱动。企业的使命不仅要回答企业是做什么的，更重要的是为什么做。

崇高、明确、富有感召力的使命不仅为企业指明了方向，还会让企业的每一位成员明确工作的真正意义，激发出内心深处的动机。试想，"让世界更加欢乐"的使命令多少迪士尼的员工对企业、对顾客、对社会倾注了更多的热情和心血。

可口可乐公司在创建的头 100 年中，始终全力关注两件事：保护公司获得专利的糖浆配方秘密，密集营销。到 1978 年，公司已经在 135 个国家开展业务，拥有近 40000 名员工和 80000 名股东，但公司对企业使命和长期目标

的陈述仍旧是非常简短和直接的。

在 1978 年的公司文件中，对业务做了一个简短的说明，在其后的一份文件中，增加了一些非常笼统的目标，由此构成了当时的公司使命："可口可乐公司是全球最大的生产和销售软饮料浓缩液和糖浆的企业。公司生产的可口可乐自 1886 年起在美国销售以来，至今已在 135 个国家销售，并成为这些国家中软饮料产品的领先者。公司的食品分部负责生产和销售 Minute Maid 牌和 Snow Crop 牌冰冻浓缩柠檬汁，公司还用 Taylor 的商标生产和销售无泡酒和汽酒。有一个子公司设计和制造水处理系统，还有一个子公司制造和销售塑料薄膜产品。公司的目标是继续加强财务上的发展趋势。"

虽然可口可乐公司在 20 世纪 80 年代中期开始进入影视娱乐业，但其 1986 年的使命仍保持了简短和保密的特点："可口可乐公司是全球软饮料业的领导者，也是全球影视娱乐业的制造和分销者、美国橘子汁和果汁产品的领先者。公司管理部门的基本目标是要提高股东的价值。为了实现这一目标，公司及其子公司制定了全面的业务战略，包括增加产量和盈利；在高回报领域投资，实现长期现金流量最大；撤出低回报资产；维持恰当的财务政策等。公司在软饮料业、娱乐业、食品业三个市场上经营，这三个业务领域都是客户导向的，并能提供诱人的利润率。在每一业务领域，公司都集中于最大限度地提高销售量，进行有效的资产管理，提高分销系统的利用率。公司软饮料业务部的主要目标是使公司销售量的增长快于产业的增长水平；娱乐业务部的关键目标是利用影片和电视分销系统，增加影视娱乐产品的收藏量；食品业务部执行的是产品细分和包装细分战略，其目标是为现有的分销渠道增加新产品，从而提高销售量。"

到 20 世纪 80 年代末，可口可乐公司经受了一些困难的考验，"新可乐"

受到消费者空前未有的抵制。公司在20世纪最后10年中也取得了一些成功。娱乐业务部卖给了索尼，挣了一大笔。20世纪90年代初，Goizueta以小册子方式公开了公司使命，这一小册子的标题是"迈向2000年的业务系统：可口可乐在90年代的使命"，主要内容如下：

我们的机会：公司独特的机会是为干渴的世界和所有的朋友带来清凉，为股东创造价值。我们的业务系统是唯一能在全球范围内利用这一机会的生产和销售系统。我们一定要使这一机会得以实现。

我们的目标：以可口可乐为核心，公司、专卖店以及其他合作伙伴将利用全球最卓越的品牌和服务系统为客户和消费者提供满意和价值。公司在90年代的目标是：扩展全球业务系统，使欣赏我们品牌和产品的消费者人数越来越多。

我们遇到的挑战：90年代对我们的业务来说是一个充满矛盾的时期……我们要有效地使用我们的品牌、系统、资本及人员等基本资源。其中，人员是最重要的。……90年代的挑战不在于使用这些资源，而在于扩展这些资源，适应它们，用创新的方式使用它们，创造出可口可乐系统和全球消费者之间崭新的关系。

我们的资源：

(1) 品牌。信息业日益全球化意味着我们可以通过全球品牌来形成广告效应和各种公共形象……可口可乐公司卖的不是大众化商品，我们也不会去卖大众化商品，我们不会自己去贬低与客户和消费者的关系。不管是哪种形式的可口可乐，传统的、无糖的、无咖啡因的、果味的、淡味的等，都是全球承认和尊敬的品牌。过去是这样，永远是这样！品牌是我们清凉系统的核心。雪碧和芬达也是全球性品牌，它们在我们的品牌战略中必须发挥作用。

我们还将继续不断地开发新品牌。

（2）系统。在组织结构上和决策上接近消费者，是 90 年代全球化和分散化市场的要求。……只有在必要和能实现目标的情况下，我们才会提高可口可乐生产和销售网络上的资产参与程度，专卖系统参与程度的提高可能会要求对生产和销售能力进行更大的投资，以便于以最低的成本来满足客户的服务要求。……到 2000 年，我们在发展中国家的业务系统的功能将与那些在目前成熟市场上的相同。在那些缺乏硬通货和存在政治障碍的地方，我们会在接近客户上遇到障碍，所以，必须建立新的战略联盟，强化克服这些障碍的能力。

（3）资本。强化接近客户的业务系统不仅需要对新资产投资，还要求改善对现有资产的管理。现有资产是实现目标的潜在资源。这些资产既包括实物性资产，还包括产权所有的地位、财务能力、信息系统和创造性管理业务关系的能力等在内的非实物性资产。……随着在管理更大财务杠杆上的经验的积累，我们将定期评估更高的财务杠杆上限，首先是那些在业务系统或战略联盟上的投资，然后是我们的股份。

（4）人员。长期以来，可口可乐公司始终拥有一支全球性的管理骨干队伍。为了抓住 90 年代全球软饮料市场的机会，我们不仅需要有力的品牌、系统和基础结构，还需要能直面 21 世纪的有力的人员。我们要发现那些能利用事实和知识进行创造的人员，能为客户的业务创造价值的人员。……随着这些最优秀人员的成长，他们将成为下一代主管，具备开发新人员的能力和责任。我们的优势将永远持续下去。这一过程将使我们能意识到今天成功的不足之处。我们必须继续取得在承担风险和灵活决策方面的智慧。公司绝不容忍自满和停滞不前。

对我们的奖励：满足上述挑战，在迅速变化的环境中获得发展的成就是巨大的。它表现为：

（1）消费者满意。他们会一再地接受我们的品牌，获得所需要的清凉。

（2）客户能获利。他们依靠我们全球品牌和服务获取利润。

（3）我们为业务所在地做出了经济贡献，成为受欢迎的客人。

（4）业务伙伴获得成功。

（5）通过可口可乐系统的力量使股东建立起价值观。

共享的远景：可口可乐系统确实是一个特殊的业务。经过成百万人历时103年的奋斗，创造出了自有商业史以来最出色的商标业绩和经济价值。然而，任何已取得的优势都是脆弱的。……迈向2000年，这是我们将为之做出贡献的诱人目标，也是我们集合在一起共同奋斗的目标。

以上是20世纪70～90年代，可口可乐公司在使命描述上的变化，不仅反映了公司对可口可乐业务的专注，也反映了从简短、神秘向更加重视价值、优先活动、"可口可乐系统"上的转变。

关于20世纪90年代的使命陈述很长。但Goizueta认为，对公司使命及有关内涵的详细和完整的描述，将有利于像可口可乐公司这样一个拥有全球职工和"合作伙伴"，从事多种经营的企业集中关注于21世纪获得全球成功的一些关键因素。

（一）企业使命的意义

所谓企业使命，是指企业在社会进步和社会经济发展中所应担当的角色和责任，它是企业的根本性质和存在的理由，为企业目标的确立与战略的制定提供依据。

企业使命是企业经营者确定的企业生产经营的总方向、总目标、总特征和总的指导思想。简单地理解，企业使命应该包含以下的含义：

1. 企业的使命是企业存在的理由

不论企业存在的原因或者理由是"提供某种产品或者服务"，还是"满足某种需要"或者"承担某个不可或缺的责任"，如果找不到合理的原因或者存在的原因连自己都不明确，或者连自己都不能有效说服，企业经营就会出现问题。就像我们经常问自己"我为什么活着"的道理一样，企业的经营者们更应该清楚明白！

2. 企业使命是企业生产经营的哲学定位

企业确定的使命为企业确立了经营的基本指导思想、原则、方向、经营哲学等，它不是企业具体的战略目标，或者是抽象地存在，不一定表述为文字，但会大大影响经营者的决策和思维。这中间包含了企业经营的哲学定位、价值观凸显以及企业的形象定位：我们经营的指导思想是什么？我们如何认识我们的事业？我们如何看待和评价市场、顾客、员工、伙伴和对手？

3. 企业使命是企业生产经营的形象定位

企业使命反映了企业试图为自己树立的形象，诸如"我们是一个愿意承担责任的企业"、"我们是一个健康成长的企业"、"我们是一个在技术上卓有成就的企业"等，在明确的形象定位指导下，企业的经营活动就会始终向公众昭示这一点，而不会"朝三暮四"。

企业使命是企业存在的目的和理由，明确企业的使命，就是要确定企业实现远景目标必须承担的责任或义务。一个强有力的组织必须要靠使命驱动！

（二）名企使命

很多名企都有自己的企业使命，我们做了整理：

◇迪士尼公司——使人们过得快活。

◇荷兰银行——透过长期的往来关系，为选定的客层提供投资理财方面的金融服务，进而使荷兰银行成为股东最乐意投资的标的及员工最佳的生涯发展场所。

◇微软公司——致力于提供使工作、学习、生活更加方便、丰富的个人电脑软件。

◇索尼公司——体验发展技术造福大众的快乐。

◇维王教育——拯救国语。

◇惠普公司——为人类的幸福和发展做出技术贡献。

◇耐克公司——体验竞争、获胜和击败对手的感觉。

◇沃尔玛公司——给普通百姓提供机会，使他们能与富人一样买到同样的东西。

◇IBM公司——无论是一小步还是一大步，都要带动人类的进步。

◇麦肯锡公司——帮助杰出的公司和政府更为成功。

三、战略一体化，纵向战略与横向战略的制定

所谓一体化战略，就是将独立的若干部分加在一起或者结合在一起成为一个整体的战略。一体化战略有利于提高经营效率、实现规模经济、提升控制力或获得某种程度的垄断，但也存在脱离行业困难、管理复杂、可能产生能力不平衡这些不利于技术和产品研发的风险。

其基本形式有纵向一体化和横向一体化。纵向一体化，即向产业链的上下游发展，可分为向产品的深度或业务的下游方向发展的前向一体化和向上游方向发展的后向一体化；横向一体化，即通过联合或合并获得同行竞争企业的所有权或控制权。

（一）纵向一体化

研究纵向一体化，最为经典的莫过于通用汽车公司兼并费雪车身公司这一案例了。为了便于分析，在这里将这个过程简单回顾一下。

1919 年，通用汽车公司与费雪公司签订了为期十年的提供封闭型车身的协议。协议规定，通用汽车公司所需的所有封闭型车身必须在费雪公司购买，供货价格为成本加上 17.6% 的盈利（成本中不包括投资的资本利息）；同时，给通用汽车公司车身的价格变化幅度不能超过费雪公司给其他汽车制造商同类车身价格的变化幅度，也不能超过除费雪公司以外的其他公司生产同类车身的市场平均价格。

这种合同安排的主要宗旨在于，鼓励费雪车身公司专用性投资，同时防范双方的机会主义行为。但是，不幸的是，这种情况还是发生了。由于价格的变化主要来自于成本，因而费雪公司采用高度劳动密集型技术，同时拒绝将车身生产工厂建立在毗邻通用汽车公司的装配工厂附近，这种安排对于费雪公司是有利的。

最后，通用公司忍无可忍，购买了费雪公司的剩余股票，并于 1962 年最终吞并了费雪公司。

在通用汽车公司兼并费雪车身公司这一案例中，通过纵向一体化，不但令费雪兄弟成为通用公司的雇员，而且将费雪车身的全部雇员收归旗下。通过获取费雪公司的组织所有权，包括该组织中全部生产工人的劳动合同以及如何制造车身的全部知识，通用公司从购买车身转变为制造车身。

纵向一体化也称为垂直一体化，是指生产或经营过程相互衔接、紧密联系的企业之间实现一体化，按物质流动的方向又可以划分为前向一体化和后向一体化，如表2－2所示：

表2－2　纵向一体化分类及定义与原则

分类	定义	原则
前向一体化	企业获得对分销商的所有权或控制力的战略	①企业当前的分销商要价太高，不可靠，或者不能及时满足企业分销产品的要求 ②企业可以利用的合格分销商非常有限，进行前向一体化的企业能够获得竞争优势 ③企业当前参与竞争的产业增长迅速，或者可以预期获得快速增长 ④企业拥有开展新的独自销售自身产品所需要的资金和人力资源 ⑤获得生产高稳定性的优势 ⑥企业当前的分销商或零售商获利丰厚
后向一体化	企业获得对供应商的所有权或控制力的战略	①企业当前的供应商要价太高，不可靠，或不能满足企业对零件、部件、组装件或原材料等的需求 ②供应商数量少而企业的竞争者数量却很多 ③企业参与竞争产业正在高速增长，如果产业处于衰退中，一体化战略会削弱企业的多元化能力 ④企业拥有开展独自从事生产自身需要的原材料这一新业务所需要的资金和人力资源 ⑤获得保持价格稳定的优势。企业可以通过后向一体化稳定原材料的成本，稳定产品价格 ⑥企业当前的供应商利润空间很大 ⑦企业需要尽快获取所需资源

纵向一体化的优势在于：

1. 带来一定的经济性

采取这种战略后，企业将外部市场活动内部化有如下经济性：内部控制和协调的经济性；信息的经济性；节约交易成本的经济性；稳定关系的经济性。

2. 有助于开拓技术

在某些情况下，纵向一体化提供了进一步熟悉上游或下游经营相关技术的机会。这种技术信息对基础经营技术的开拓与发展非常重要。

3. 确保供给和需求

纵向一体化能够确保企业在产品供应紧缺时得到充足的供应，或在总需求很低时能有一个畅通的产品输出渠道。也就是说，纵向一体化能减少上下游企业随意中止交易的不确定性。

4. 削弱供应商或顾客的价格谈判能力

企业在与供应商或顾客做生意时，如果供应商和顾客有较强的价格谈判能力，且他的投资收益超过了资本的机会成本，那么即使不会给他带来其他的益处，企业也值得去做。因为一体化削弱了对手的价格谈判能力，这不仅会降低采购成本或者提高价格，还可以减少谈判的投入，提高效益。

5. 提高差异化能力

纵向一体化可以通过在管理层控制的范围内提供一系列额外价值，改进本企业区别于其他企业的差异化能力。葡萄酒厂拥有自己的葡萄产地就是一种一体化的例证。

6. 提高进入壁垒

企业实行一体化战略，特别是纵向一体化战略，可以将关键的投入资源和销售渠道控制在自己的手中，使行业的新进入者望而却步。企业通过实施一体化战略，不仅保护了自己原有的经营范围，而且扩大了经营业务，同时还限制了所在行业的竞争程度，使企业的定价有了更大的自主权，从而获得较大的利润。IBM公司就是采用纵向一体化的典型。

7. 进入高回报产业

企业现在利用的供应商或经销商有较高的利润，这意味着他们经营的领域属于十分值得进入的产业。在这种情况下，企业通过纵向一体化，可以提高其总资产回报率，并可以制定更有竞争力的价格。

8. 防止被排斥

如果竞争者们是纵向一体化企业，一体化就具有防御的意义。因为竞争者的广泛一体化能够占有许多供应资源或者拥有许多称心的顾客或零售机会。因此，为了防御的目的，企业应该实施纵向一体化战略，否则就会面临被排斥的处境。

（二）横向一体化

横向一体化也称为水平一体化，是指与处于相同行业、生产同类产品或工艺相近的企业实现联合，实质是资本在同一产业和部门内的集中，目的是扩大规模、降低产品成本、巩固市场地位。

从1991年起，海尔先后兼并了原青岛空调器厂、冰柜厂、武汉希岛、红星电器公司等10多家大中型企业，集团资产从几千万元迅速增长至39亿元，成为中国第一家家电特大型企业。其中，海尔内部认为购并红星是所有购并中最成功的。

1995年7月4日，青岛红星电器股份有限公司整体划归海尔集团后，更名为青岛海尔洗衣机有限总公司。海尔自己将之称为"以企业文化激活休克鱼"。数据显示：红星被购并后第三个月里（1995年9月）就盈利2万元，10月盈利7.6万元，11月盈利10多万元，12月盈利150多万元，企业出现了越来越好的发展态势。

并购可以理解为兼并与收购，通常意义上二者之间没有严格的意义区别。从兼并的狭义角度考察，兼并与收购这两个概念还是有区别的。其主要区别在于，前者指一个企业与其他企业合为一体，而后者则并非合为一体，仅仅是一方对另一方居于控制地位而已。

企业横向一体化通常有以下几个原因：

1. 经营协同效应

所谓协同效应是指并购后企业的总体效益超过原来独立企业的效益之和，即"1+1＞2"。横向一体化对企业效率的最明显作用，表现为规模经济效益的取得，包括工厂规模经济和企业规模经济两个层次。

2. 企业发展动机

横向一体化可能会降低进入新行业、新市场的壁垒，或是降低企业发展的风险和成本，也可能取得经验—成本曲线效应。

3. 市场份额效应

通过横向一体化，企业的市场份额扩大，对市场的控制能力增强，可以使企业获得某种形式的垄断，能给企业带来垄断利润和竞争优势。

有效的横向一体化应当遵循以下五项基本准则：

（1）企业可以在特定的地区或领域获得垄断，同时又不会被指控为对于削弱竞争有"实质性的影响"。

（2）企业在一个呈增长态势的产业中竞争。

（3）可以由此借助规模经济效应的提高为企业带来较大的竞争优势。

（4）企业拥有成功管理业务规模得到扩大的企业所需要的资金和人力资源。

（5）竞争者因缺乏管理人才或者因为需要获得其他企业拥有的某些特殊资源而陷入经营困境之中。如果竞争者效益不佳是整个产业的销售总量下降造成的，就不要选择水平一体化。

四、新产品战略，用新产品捍卫市场地位

产品开发战略是由企业现有市场产品和其他企业已经开发的而本企业正准备投入生产的新产品组合来生产的战略，即对企业现有市场投放新产品或利用新技术增加产品的种类，扩大市场占有率和增加销售额的企业发展战略。产品开发战略是企业产品开发的军事路线图，指引产品开发的方向和路标。

（一）产品开发战略类型

1. 领先型开发战略

采取这种战略，企业一般都会努力追求产品技术水平和最终用途的新颖性，保持技术上的持续优势和市场竞争中的领先地位。当然，它要求企业有很强的研究与开发能力和雄厚的资源。20 世纪末的美国摩托罗拉公司就是一个典型代表。

美国摩托罗拉公司是创建于1929年的高科技电子公司，到20世纪末已经成为在全世界50多个国家和地区有分支机构的大型跨国公司。主要生产移动电话、BP机、半导体、计算机和无线电通信设备，并且在这些领域居于世界领先地位，多年来一直支配世界无线电市场。

资料显示，该公司1988年的销售收入为85亿美元，纯利额为4.5亿美元，1993年销售收入增至170亿美元，纯利额达10亿美元，1995年的销售收入进一步增至270亿美元。

摩托罗拉公司始终将提高市场占有率作为基本方针，贯彻高度开拓型的产品开发战略，其主要对策有：

（1）技术领先，不断推出让顾客惊讶的新产品，公司进行持续性的研究与开发，投资建设高新技术基地。

（2）新产品开发必须注意速度时效问题，研制速度快，开发周期短。

（3）以顾客需求为导向，产品质量务求完美，减少顾客怨言到零为止。

（4）有效降低成本，以价格优势竞逐市场。

（5）高度重视研究与开发投资，由领先新技术中创造出差异化的新产品领先上市而占领市场。

（6）实施著名的G9组织设计策略。

（7）运用政治技巧。

（8）重视教育训练。

2. 追随型开发战略

采取这种战略，企业并不抢先研究新产品，而是当市场上出现较好的新产品时，进行仿制并加以改进，迅速占领市场。实施这种战略，企业必须具有较强的跟踪竞争对手的能力，还要有动态的技术信息机构与人员，具有很强的消化、吸收与创新能力，但容易受到专利的威胁。

许多中小企业在发展之初通常采用该新产品开发战略。该战略以竞争对手所选定的产品或产品的最终用途为竞争领域，以维持或提高市场占有率为目标，新产品的创新程度不高，产品进入市场的时机选择具有较大的灵活性，开发方式多采用自主开发或委托开发。

此战略的研究开发费用较小，但市场营销风险相对比较大。实施该战略的关键是需及时紧跟，全面、快速和准确地获得竞争者新产品开发的相关信息，是追随型新产品开发战略取得成功的必要前提。另外，如果能对竞争者的新产品在模仿的同时加以改良，将会使其新产品更具市场竞争力。例如，双汇集团就是采取了追随策略而取胜的。

双汇火腿肠面市以来，最大的竞争对象就是春都品牌。在面对春都这个实力强劲的竞争对手时，双汇集团则采取了紧紧追随春都火腿肠的策略，使得双汇集团花很少的资金，追随着春都火腿肠走俏全国，同时还使得双汇在初期市场开拓上少走弯路，同时又不影响其发展步伐。

3. 替代型开发战略

采取这种战略，企业有偿运用其他单位的研究与开发成果，替代自己研究与开发新产品。这种战略适合那些研究与开发力量不强、资源有限的企业。一般来说，比较重视产品原创及设计品位的大中型家具企业会考虑采取此新产品开发战略。常见的模式为：外聘专业设计公司负责开发设计新产品，如山东中汇家具采用的就是这种战略。

从2008年开始至今，中汇家具持续委托深圳市拓璞家具设计公司成功研发了"木·新语"系列新产品，旗下包含了"至雅"、"至尚"、"至臻"等多个子系列；2009年，成功研发了"至尊"新产品系列，设计手法独到，细节处理完美，得到了行业、经销商及消费者的一致好评与青睐，并在第25届深圳家具展会上获得了"质量环保金奖"和"现代书房家具产品设计系列金奖"等多个奖项。

（二）产品开发战略分类

企业开发什么样的产品，是一个重大的战略选择。根据不同的产品开发角度，会形成不同的产品开发战略类型。

1. 按产品开发的新颖程度进行分类

按照产品开发的新颖程度，可以分为这样一些开发战略：

（1）全新型新产品开发战略。全新型新产品是指新颖程度最高的一类新产品，它是运用科学技术的新发明而开发和生产出来的，产品具有新原理、新技术、新材质等特征。选择和实施此战略，企业需要投入大量资金，拥有雄厚的技术基础，开发实力强，花费时间长，需要一定的需求潜力，因此企业承担的市场风险比较大。

（2）换代型新产品开发战略。换代型新产品使原有产品发生了质的变化。选择和实施换代型新产品开发战略，只需投入较少的资金，不用花费太长的时间，就能改造原有产品，使之成为换代新产品，具有新的功能，满足顾客新需要。

（3）改进型新产品开发战略。所开发的新产品与原产品相比，只发生了量的变化，即渐进的变化，能满足顾客新的需求。这是代价最小、收获最快的一种新产品开发战略，但容易被竞争者模仿。

（4）仿制型新产品开发战略。开发这种产品不需要太多的资金和尖端技术，比研制全新产品要容易得多。需要注意的是，企业要对原产品的某些缺陷和不足结合市场的需要进行改进，不应全盘照抄。

在上面的这四类产品开发战略中，第一类开发战略，一般企业实施较难，只有大型企业或特大型企业在实行"产学研"联合开发工程的条件下，才能仿效；第二、第三、第四类开发战略，多数企业选择和实施较为容易，且能迅速见效。因此，应着重考虑选择第二、第三和第四类新产品开发战略。

2. 按产品开发新的范围和水平进行分类

按照产品开发新的范围和水平分类，如表2-3所示。

表2-3　按产品开发新的范围和水平划分的战略分类

战略	说　明
地区级新产品开发战略	这里所指的"地区级"，是指省（市、自治区）一级，也就是新产品开发达到省（市、自治区）一级水平的战略。凡我国其他省（市、自治区）已经开发和生产的新产品，本省（市、自治区）还没有这种新产品，企业率先开发和生产出来，经有关部门鉴定和确认，就属于本省（市、自治区）一级新产品
国家级新产品开发战略	指新产品开发达到国家一级水平的战略。国家级新产品，是指在全国范围内新出现的产品。凡国外已率先开发和生产，国内尚没有这类产品，国内某企业率先开发和生产出来，经国家有关主管部门鉴定和确认，则属于国家级新产品
国际级新产品开发战略	这是指新产品开发达到国际一级水平的战略。国际级新产品是指：①在国际市场上尚未出现、本国某企业率先开发和生产出来的先进产品。②国外虽然已经出现某种新产品，国内企业在掌握国外新产品特点的基础上，开发出性能更好、水平更高的同类产品，属于国际领先产品

以上三种新产品开发战略，可以由低向高逐级选择和实施：先选择第一级即地区级新产品开发战略，实施成功后再选择第二级即国家级新产品开发战略，这一战略实施成功后，再选择第三级即国际级新产品开发战略。凡条件好的，也可跳跃式开发，企业还没有地区级新产品，可直接开发国家级新

产品；有些企业拥有地区级新产品，但还没有国家级新产品，只要条件允许，可选择开发国际级新产品的战略。

（三）产品开发战略的层次

产品开发战略包括四个层次：产品战略愿景、产品平台、产品线和产品开发项目。

1. 产品战略愿景

产品战略愿景是企业关于产品定位和市场目标的理念和愿景，对下一层次产品平台的性质、演化和竞争地位具有一定的指导作用。产品战略愿景是“瓜种”，它从本质上决定了长什么样的藤、结什么样的瓜。

2. 产品平台

产品平台是企业核心技术的集合，是使企业所有产品线和产品根植于此的公共平台。产品平台开发包括产品平台概念评估、产品平台规划和产品平台开发。产品平台是“瓜的主藤”，主要作用是为支藤和瓜提供养分。

3. 产品线

产品线是基于产品平台的同类产品的集合。产品线规划是一个分时段的，基于市场、竞争要求和资源状况的有条件的产品开发计划，决定着具体产品的开发路标和升级替代策略。产品线是“瓜的支藤”，会结出瓜。

4. 产品开发项目

产品开发项目是基于产品线规划的单项新产品的开发，产品线规划的具体实施是最终的“瓜”。

（四）新产品开发策略

在新产品开发之前，企业应注重以下七大策略：

1. 深度调研

在产品严重同质化的今天，在买方市场决定产品销售的大环境下，开发产品的时候不做市场调研，是件很可怕的事情，而且要以市场需求和消费者为导向做细致的深度调研。

开发新产品前，首先，要看市场上有没有类似的产品，如果有，就要对品质、形状（包装）、性能（口感）、价位等方面做充分的调研：找出同类产品的特点和卖点在哪，要不要进行市场细分，要不要在其基础上升级或者超越。

其次，要对消费者进行调研。比如，消费者购买此类产品的核心动机和需求在哪？此类产品的消费缺陷或不足因素是什么？延伸出的潜在需求是什么？只有正确深入掌握了消费者的需求，才能开发出对应的产品。

2. 精准定位

精准定位策略，通俗地讲就是产品卖给哪一个层面的消费者。

首先，要给消费者一个必须购买的理由。这个层面的消费者消费能力怎么样？一般在什么场所（终端）进行购买？

其次，消费者购买产品除了最基本的功效需求以外，还有附加功能需求、精神（品位）的需求等。比如，打火机除了能点火外，还要有防风功能，这就是为消费者提供额外价值而设计的附加功能。

再次，消费者具有社会性，其生活中的价值和标准容易与自己使用的物品产生关联。比如，有的消费者是环保主义者，他们不仅会关注打火机的功能，还会关注其燃烧的是煤油还是液化气。

最后，消费者要求其所使用的产品要体现他生活的追求和理想。如打火机从材质到品位、专业性设计都要满足消费群体的尊严、面子等。

3. 独特卖点

任何一个行业都有竞争对手的存在，所以新产品开发最好能突出其个性。有个性的产品才会有差异化，只有差异化的产品才有更多关注度和独特卖点，才能与同类产品拉开距离。比如，在饮料快消品行业，娃哈哈就是通过产品的不断创新，实现了差异化战略。

在娃哈哈的成长历史中，"非常可乐"的成功是不可或缺的一笔。可口可乐和百事可乐已存在100多年，在全球饮料行业中占有绝对优势。在接触众多经销人员之后，宗庆后发现了"两乐"市场操作的缺陷。

1998年，娃哈哈毅然推出"中国人自己的可乐"——非常可乐。"非常系列"紧紧抓住"两乐"在广大农村认知度相对较低的状况，以低价格切入，同时给经销商留足利润空间，很快摆上了经销商柜台的显眼位置。2002年娃哈哈"非常系列"碳酸饮料产销量达到62万吨，约占全国碳酸饮料市场12%的份额，在单项产品上已逼近百事可乐在中国的销量。

2005年，娃哈哈自主研发了"娃哈哈营养快线"，创下一年销售额近8亿元的市场奇迹。娃哈哈营养快线利用生物工程技术，将牛奶和果汁与15种营养元素结合起来，口感润滑，口味酸甜。目前，这一产品年销售额已超过150多亿元。

通过产品的不断创新，实施差异化战略，既可以有效避免与竞争对手的恶性价格竞争；同时，这些产品技术含量高，附加值较高，牢牢掌握着主动权，为企业的持久发展打下良好基础。

现代营销的本质就是区隔竞争对手，产品开发时的差异化服务首先在产品包装上。例如，产品携带是否方便、产品开启或使用是否便捷等，这些看起来并不重要的差异化也将对产品的销售起到一定的作用。

4. 成本价位

在新产品开发前，通常都要对消费者进行调研，企业必须弄清楚所定位的消费者对本产品的心理接受价位。

曾经就有一家公司，开发了一款功能性饮料，因为成本较高，最后只有定价到 10 块钱以上才有利可图。但在市场上，少男少女对饮料的接受价格最高只有 6 元，所以这款饮料还未上市，就"夭折了"。

另外，新产品的开发，一般资金投入较大，但回报周期较长，只有等到新产品形成规模生产后，才能给企业带来效益。因而，新产品要具备良好的性价比，在满足用户要求的性能前提下采用最低的成本去生产。新产品只有低投入高产出，才能给企业和客户带来多赢结果，才能拉动客户的大量消费，最终促使企业大规模生产。

5. 整合包装

这里说的包装策划是系列性的，从产品的命名、包装设计、卖点提炼、荣誉申报、招商策略等。如何进行整合包装？

首先，命名。企业一定要起一个朗朗上口、通俗易懂、紧扣产品特性的名字，易传播就会降低广告传播的频次，等于省下传播费用。比如，亿家能太阳能，就是让一亿家庭用上太阳能，多通俗易懂；比如，王老吉，就是"防上火"等。

其次，外包装。在终端，外包装就是无声的促销员。如今，不管是普通化妆品还是功能性化妆品，只要是女性产品，大都色彩亮丽，线条柔美。如果能够在白色调上用蓝色勾勒出一个女人的半边脸，不管摆放在药店还是商业超市，都会非常显眼地跳入爱美女士之眼。

6. 上市营销

在解决定价问题基础上，新产品上市营销方案需要完成竞争产品分析、分销渠道设计和促销计划的设计。

竞争产品的分析主要了解其价格、产品性能表现、优劣势，以便在促销员培训中使用；同时，竞品分析也要了解竞品的营销策略，如定价风格、市场目标、促销活动等内容，以便在制订新产品营销方案时做出差异化或竞争力对比。

分销渠道的设计主要完成零售终端铺货率目标的设定。鉴于企业一般都有现成的分销渠道结构，因此在此阶段，分销渠道的设计中最核心的任务是设定渠道铺货率，而做到细致则需要规定不同级别城市、不同市场类型、不同终端零售业态的铺货达成率。铺货率和市场占有率的线性关系无论在什么情况下都成立。

7. 呼应政策

新产品开发一定要关注国家政策因素和宏观经济因素。在当今中国，有些行业与领域的发展和产品的消费，有着明显的政府引导，如果能争取到国家政策的支持与帮扶，对企业来说可谓如虎添翼。

这种开发策略是指要紧紧跟随外界环境的变化而变化，是一种适应策略，也是在原来固有基础上的分支和战略方向调整。

五、品牌战略，注重成本优势与产品差异化

品牌战略是企业实现快速发展的必要条件，只有在战略上胜出的企业在销售层级才有持续增量的可能；在市场层级才有品牌资产累计的可能；在企业层级才有资本形成的可能。

2000 年左右，中国水市竞争格局基本上已经成为定势。以娃哈哈、乐百氏为主导的全国性品牌基本上已经实现了对中国市场的瓜分与蚕食。当时，比较有代表性的水产品有深圳景田太空水、广州怡宝、大峡谷等，还有一些处于高端的水品牌，如屈臣氏、康师傅等。

此时，海南养生堂开始进入水市，农夫山泉的出现改变了中国水市竞争格局，形成了中国市场强劲的后起之秀品牌，并且随着市场竞争加剧，农夫山泉在一定意义上逐渐取代了乐百氏成为中国市场第二大品牌，从而创造了弱势资源品牌打败强势资源品牌的著名战例。

它是如何操作的呢？首先，农夫山泉买断了千岛湖五十年水质独家开采权，在这期间，任何一家水企业都不能使用千岛湖水质进行水产品开发。他们不仅在瓶盖上创新，还利用独特的开瓶声来塑造差异，打出了"甜"的概念，"农夫山泉有点甜"成为差异化的卖点。

其次，为了进一步获得发展和清理行业门户，农夫山泉宣称将不再生产纯净水，仅生产更加健康、更加营养的农夫山泉天然水，并且做了"水仙花对比"实验，农夫山泉得出一个结论：天然水才是营养水。"天然水比纯净

水健康"的观点通过学者、孩子之口不断传播，因而赢得了影响力，农夫山泉牢牢占据了瓶装水市场前三甲的位置。

农夫山泉的成功，在于其策划与造势，一方面，对卖点不断提炼，从瓶盖的开盖声音到有点甜，从有点甜到如今的 pH 值测试，宣称弱酸弱碱性；另一方面，善于炒作和造势，通过对比来形成差异，进而提升自己。

（一）内容

所谓的品牌战略，包括品牌化决策、品牌模式选择、品牌识别界定、品牌延伸规划、品牌管理规划与品牌愿景设立六个方面的内容。

1. 品牌化决策

品牌化决策解决的是品牌的属性问题。

在品牌创立之前就要解决好这个问题：是选择制造商品牌还是经销商品牌、是自创品牌还是加盟品牌。不同的品牌经营策略，预示着企业不同的道路与命运，如选择"宜家"式产供销一体化，还是步"麦当劳"的特许加盟之旅。总之，不同类别的品牌，在不同行业与企业所处的不同阶段有其特定的适应性。

2. 品牌模式选择

品牌模式选择解决的是品牌的结构问题。

是选择综合性的单一品牌，还是多元化的多品牌？是联合品牌，还是主副品牌？品牌模式虽无好与坏之分，但却有一定的行业适用性与时间性。

比如，日本丰田汽车在进入美国的高档轿车市场时，没有继续使用"TOYOTA"，而是另立一个完全崭新的独立品牌"凌志"。这样就有效避免了"TOYOTA"会给"凌志"带来低档次印象，而使其成为可以与"宝马"、

"奔驰"相媲美的高档轿车品牌。

3. 品牌识别界定

品牌识别界定确立的是品牌的内涵,是品牌战略的重心。

从品牌的理念识别、行为识别与符号识别三个方面规范了品牌的思想、行为、外表等内外含义,其中包括以品牌的核心价值为中心的核心识别和以品牌承诺、品牌个性等元素组成的基本识别。

2000年海信的品牌战略规划,不仅明确了海信"创新科技,立信百年"的品牌核心价值,还提出了"创新就是生活"的品牌理念,立志塑造"新世纪挑战科技巅峰,致力于改善人们生活水平的科技先锋"的品牌形象,同时导入了全新的VI视觉识别系统。

通过一系列以品牌的核心价值为统帅的营销传播,海信一改以往模糊混乱的品牌形象,以清晰的品牌识别一举成为家电行业首屈一指的"技术流"品牌。

4. 品牌延伸规划

品牌延伸规划是对品牌未来发展领域的清晰界定。

明确了未来品牌适合在哪些领域、行业发展与延伸,在降低延伸风险、规避品牌稀释的前提下,谋求品牌价值的最大化。如海尔家电统一用"海尔"牌,就是品牌延伸的成功典范。

"品牌是企业进入市场的名片",在成功的企业品牌策略中,海尔堪称佼佼者。在首届中国名牌产品评选中,共评出57个全国名牌,其中海尔集团公司囊括了电冰箱、洗衣机、家用空调器、微波炉、彩电5种家电产品的"中国名牌产品"称号。是什么原因使海尔品牌取得成功?

名牌是历史的积淀,是企业文化的延伸!企业的品牌只有在与消费者千百次的交换中，才能逐渐被接受和认同；只有背后有深刻文化底蕴的企业，才有可能创建出经久不衰的品牌延伸。

海尔的品牌策略是从名牌积累阶段开始的，1984～1991年，在7年的时间里，海尔只做了冰箱一个产品。通过各种促销手段和传媒渠道来打造冰箱名牌"海尔"，从而使海尔品牌的高知名度和良好的品牌形象得以不断提升。

海尔品牌的定位就是走的优质品质、优质服务、优质价格的"三优"路线。张瑞敏砸劣质冰箱事件，就是海尔"质量兴企"的起点，也是树立"真诚到永远"核心品牌价值的起点。虽然海尔在冰箱、空调、洗衣机等众多产品领域均居于国内外领先地位，却不曾发起一次价格战，这在价格战频发的家电市场是一个奇迹。

5. 品牌管理规划

品牌管理规划是从组织机构与管理机制上为品牌建设保驾护航。

在上述规划的基础上为品牌的发展设立愿景，并明确品牌发展各阶段的目标与衡量指标。企业做大做强靠战略，"人无远虑，必有近忧"，解决好战略问题是品牌发展的基本条件。

6. 品牌愿景

品牌愿景是对品牌的现存价值、未来前景和信念准则的界定。

品牌愿景应该明确告诉包括顾客、股东和员工在内的利益相关者"三个代表"：品牌今天代表什么？明天代表什么？什么代表从今天到明天的努力？

（二）品牌战略的规划步骤

1. 做好品牌定位

之所以要进行品牌建设，主要目的是为企业形成强大的品牌资产。品牌资产来源于目标消费者心智中对品牌个性、品牌价值的良好认知和丰富联想，这种认知和联想又必须是企业所期望的，因此，品牌定位就是要在目标消费者头脑中抢占一个有利于强大品牌资产形成的最佳位置。

虽然独特的、强有力的核心价值只能有一个，但品牌个性和品牌价值是多维度的，因此，品牌定位的内容不仅要提炼出核心价值和核心诉求，还应当对品牌主要方面的特征进行提炼，形成品牌识别系统，以便顾客更好、更详细地识别品牌，为购买提供更充分的理由；确保企业的每一份营销广告投入都为品牌做加法，都为提升品牌资产做累积。

2. 进行理性的品牌延伸扩张

创建强势品牌的最终目的是为了持续获取较好的销售与利润。无形资产的重复利用是不用成本的，只要有科学的态度与高超的智慧来规划品牌战略延伸战略，就能通过理性的品牌延伸与扩张充分发挥品牌资源这一无形资产的杠杆作用，实现企业的跨越式发展。

因此，品牌战略规划管理的重要内容之一就是对品牌延伸的下述各个环节进行科学和前瞻性品牌战略规划：

◇对企业品牌专业品牌提炼具有包容力的品牌核心价值，预埋品牌延伸管线；

◇如何抓住时机进行品牌延伸扩张；

◇如何有效回避品牌延伸的风险；

◇延伸的产品如何强化品牌的核心价值与主要联想并提升品牌资产；

◇品牌延伸中如何成功推广新产品。

3. 从品牌体系结构上确定打造的重点

由于发展历程和结构不同，不同的企业打造的重点应当不同。如果企业品牌实力强大、声誉好、定位包容性较强，实行多品牌战略规划时，打造的重点可以是企业品牌，让旗下的所有企业品牌共同借势，同时体现出各企业品牌的定位差异性！

如果由于历史原因，企业品牌的实力不强或档次不高，而企业又希望向中高档品牌发展，应区别考虑：对于现有企业品牌而言，可以继续重点打造企业品牌，改善其形象，同时打造专业品牌；对于计划发展的中高端专业品牌，应重点打造，同时采取隐身品牌策略，弱化企业品牌对专业品牌的不利影响。

4. 建立科学、合理的品牌管理体系

有了品牌战略规划后，战略能否有效实施还有赖于战略管理体系是否科学、合理。

从管理职责来看，品牌管理主要有两大方面的工作：

（1）依据品牌宪法（规划）对企业的一切品牌创建活动（包括产品研发、制造、销售、服务、广告、公关传播、渠道建设等）进行监督、检查和指导。

（2）对品牌创建活动的结果——品牌资产的状况和目标的完成情况进行评估检核，调整下一步的品牌资产建设目标与策略。

企业品牌管理部门一般要评估的是消费者认知角度的品牌资产，即知名度、品质认可度、品牌联想、品牌忠诚度等。另外，商标、特许经营权等是品牌的法律资产，也可以纳入品牌管理部门的职责内。

从管理流程来看，科学、合理的品牌战略规划管理应当有合理层次的组织机构及相应的职责、人员编制、工作流程为保障。对于大型企业集团来说，应当有集团层面的品牌综合管理部门、各企业品牌（专业品牌）层面的品牌管理部门、产品品牌层面的品牌经理。

5. 设定品牌使命、目标、愿景

在多品牌战略规划下，为了竞争的需要，不同品牌对于企业发展的使命应当是有差别的：有的品牌以确保市场份额为使命，有的品牌确保企业利润，有的品牌是打乱竞争对手阵脚……因此，有必要设定不同品牌的历史使命。

建立强势品牌是一个渐进的过程，品牌资产有初级、中级和高级之分，不可一蹴而就，要根据企业的实际情况设定分阶段的努力目标，使品牌建设具有计划性、可操作性，同时使考核工作有目标依据。品牌还应当有一个鼓舞人心的发展愿景，使品牌建设有一个明确、长远的奋斗方向。

6. 制定品牌创建活动的原则和途径

为确保始于产品研发的品牌营销活动按照既定的品牌定位来开展，有效累积品牌资产，要制定这一营销活动遵循的基本原则。此外，为了使品牌战略规划具有更实际的指导意义，有必要制定创建品牌资产的基本途径和方法体系。

当然，随着营销实践的发展，具体的品牌创建方法会日益丰富，这是品牌战略规划无法囊括的，只能在具体的创建过程中灵活运用，但前提是不能违背"品牌宪法"的基本原则和方针。

7. 优化或搭建科学的品牌组合

品牌战略规划很重要的一项工作是品牌战略规划科学、合理的品牌组合或架构。在单一产品的格局下，营销传播活动都是围绕提升同一个品牌的资产而进行的，而产品种类增加后，就面临着很多难题，新产品是沿用原有品牌进行品牌延伸，还是采用一个新品牌？若新产品采用新品牌，那么原有品牌与新品牌之间的关系如何协调，企业总品牌与各专业品牌之间的关系又该如何协调？品牌组合或架构战略就是要解决这些问题。

（三）种类

1. 单一战略

单一品牌又称统一品牌，它是指企业所生产的所有产品都同时使用一个品牌的情形。

这样在企业不同的产品之间形成了一种最强的品牌结构协同，使品牌资产在完整意义上得到最充分的共享。单一品牌战略的优势不言而喻，商家可以集中力量塑造一个品牌形象，让一个成功的品牌附带若干种产品，使每一个产品都能够共享品牌的优势。大家熟知的"海尔"就是单一品牌战略的代表。

海尔品牌2005年以702亿元的品牌价值连续四年蝉联榜首，比第二名高出222亿元。在2005年世界品牌500强中海尔荣登第89位。海尔集团从1984年起开始推进自己的品牌战略，从产品名牌到企业名牌，发展到社会名牌，现在已经成功地树立了"海尔"的知名形象。

海尔产品从1984年的单一冰箱发展到拥有白色家电、黑色家电、米色家电在内的96大门类15100多个规格的产品群，并出口到世界100多个国家和地区，使用的全部是单一的"海尔"品牌。

不仅如此，海尔也作为企业名称和域名来使用，做到了"三位一体"。而作为消费者，人们可将海尔的"真诚到永远"的理念拓展到它名下的任何商品。一个成功的海尔品牌，使得海尔的上万种商品成为名牌商品，单一品牌战略的优势尽显其中。

单一品牌的一个优势就是品牌宣传的成本要低，这里面的成本不仅仅指市场宣传、广告费用的成本，同时还包括品牌管理的成本，以及消费者认知的清晰程度。单一品牌更能集中体现企业的意志，容易形成市场竞争的核心要素，避免消费者在认识上发生混淆。

当然作为单一的品牌战略，也存在着一定的风险，它有"一荣俱荣"的优势，同样也具有"一损俱损"的危险。如果某一品牌名下的某种商品出现了问题，那么在该品牌下附带的其他商品也难免会受到株连，致使整个产品体系可能面临重大的灾难。

2. 副品牌战略

采用副品牌战略的具体做法是以一个成功品牌作为主品牌，涵盖企业的系列产品，同时又给不同产品起一个富有魅力的名字作为副品牌，以突出产品的个性形象。

依然以海尔为例。

海尔虽然在其所有的产品之上都使用同一个商标，但是为了区分彼此的特点，仅就冰箱来说就分为变频对开门的"领航系列"；变频冰箱"白马王子系列"、"彩晶系列"；电脑冰箱"数码王子系列"和"太空王子系列"；机械冰箱"超节能系列"、"金统帅系列"等。所以，仅仅冰箱这种产品在海尔名下就有15种副品牌。

在家电行业使用副品牌已经成为行业的通行做法，这样有效地划分了不同产品的功能和特点，使得每组商品的特点各显其彰，同时也弥补了单一品牌过于简单、不生动的缺点。

3. 多品牌战略

一个企业同时经营两个以上相互独立、彼此没有联系的品牌的情形，就是多品牌战略。商标的作用是就同一种商品或服务，区分不同的商品生产者或者服务的提供者。一个企业使用多种品牌，具有的功能就不仅仅是区分其他的商品生产者，也包括区分自己的不同商品。

多品牌的优点很明显，它可以根据功能或者价格的差异进行产品划分，这样有利于企业占领更多的市场份额，满足更多消费者的需求；彼此之间看似是竞争的关系，但是实际上很有可能会壮大整体的竞争实力，增加市场的总体占有率；避免产品性能之间的影响，比如把卫生用品的品牌扩展到食品上，消费者从心理上来说就很难接受。而且，多品牌可以分散风险，某种商品出现问题了，可以避免殃及其他的商品。

缺点则在于：宣传费用高昂，企业打造一个知名的品牌需要财力、人力等多方面的配合，如果想成功打造多个品牌自然要有高昂的投入作为代价；多个品牌之间有自我竞争；品牌管理成本过高；也容易在消费者中产生混淆。

采用多品牌战略的代表非"宝洁"莫属了。

宝洁的原则是：如果某一个种类的市场还有空间，最好那些"其他品牌"也是宝洁公司的产品。因此宝洁的多品牌战略让它在各产业中拥有极高的市场占有率。举例来说，在美国市场上，宝洁有 8 种洗衣粉品牌、6 种肥皂品牌、4 种洗发精品牌和 3 种牙膏品牌，每种品牌的特征描述都不一样。

以洗发水为例，人们所熟悉的有"飘柔"，以柔顺为特长；"潘婷"，以全面营养吸引公众；"海飞丝"则具有良好的去屑功效；"沙宣"强调的是亮泽。不同的消费者在洗发水的货架上可以自由选择，然而都没有脱离宝洁公司的产品。

宝洁公司的策略是不仅仅在不同种的商品上使用不同的商标，即使在相同的商品上，由于功能的不同也使用不同的商标。当然它为此也付出了高昂的市场成本和管理成本。然而人们不能不说，宝洁是成功的，近 170 年的辉煌历史，旗下约 300 个品牌，就不能不说它在品牌战略中创造了一个奇迹。

在多品牌战略中，也有些企业使用的并非功能划分，而是等级划分。也就是说，不同的品牌用于相同的商品，但是品质、级别不尽相同。

4. 背书品牌战略

宝洁在使用它的品牌的时候不会忘记指出"飘柔——宝洁公司优质产品"。背书品牌依附于产品，贯穿于整个公司品牌和项目品牌之中，背书品牌的管理通过在价值链的各环节实施，确保开发项目能够成为公司区别于其他品牌的鲜明特征体现。

欧莱雅就选择了一个以档次为标准的区分。兰蔻、碧欧泉是它的高端产品，而羽西、美宝莲则是它相对低端的产品。也许即使是热衷化妆的女士们也不一定清楚以上所提及的四个品牌竟然都归属于欧莱雅公司，它们都各自占领着自己的市场份额，拥有不同层次的消费人群。有人不禁会问，为什么人们可以知道"飘柔"、"潘婷"和"海飞丝"都是宝洁的产品，而鲜有人知悉兰蔻、碧欧泉、羽西和美宝莲的关系呢？原因在于宝洁使用了"背书品牌"。

为什么宝洁使用背书品牌而欧莱雅却不使用。其实仔细分析，人们可以看到宝洁公司也并非所有的品牌都使用了背书品牌的方式。在美容化妆品领域中 SK - Ⅱ 以及玉兰油也同样是宝洁的产品，但是却没有使用背书品牌。就是因为宝洁在人们心目中已经成为大众消费品的代表，它大量出现在洗涤、卫生用品的领域，如果再把它使用在高档化妆品上，很可能会影响到这些产品的身价。

再如，"品客"薯片也是宝洁的产品，它也不会使用"宝洁"的背书商标，因为这样会使消费者在购买薯片的时候联想到洗发水、洗衣粉等大家熟知的宝洁产品，很有可能影响到它在公众中的形象。

欧莱雅同样如此。

巴黎欧莱雅在化妆品领域中只能算上一个中档品牌，如果把它背书在兰蔻等高档产品之上显然是不合适的，所以在这种情况下，商家采用的是淡化总品牌的策略，让这些高端品牌以更优越的良好形象树立自己的形象，打造自己的领地。通过这样的战略，反而提升了整体的竞争实力，也关照了不同档次的消费人群。

六、奖惩战略，制定员工奖惩管理制度

企业必须有一个好的激励策略，使下属有足够的动力、激情和素质来面对激烈、残酷的竞争，才能使下属积极向上，追求最大效率，实现组织者的目标。否则，组织者的目标将无法实现。

纵观古今，无不如此。浅显的道理，人人懂之，但实行起来，有的管理者就犹如叶公好龙，或赞而不用，或朝令夕改，其企业的效率、前途可想而知，安全更是可想而知。所以，企业发展需要"激励"的推动，员工失去了工作的动力，企业发展也就无从谈起。

有一天，工厂男浴室屋顶灯泡坏了，浴室里一片漆黑，工人吵吵嚷嚷。领班通知电工去换，但谁也不去，领班说："谁去换灯泡，给100元。"一会儿浴室顶上七个灯泡全换好了。厂长说："这笔钱从集体奖金中扣。"不但如此，还规定以后公共场所灯泡坏了，若电工们不去换而别人去换，则换一个灯泡就拿奖金，且一律从电工组奖金里扣。

这一招真灵，从此，走廊、厕所、浴室总是亮光光的，再没发生过黑灯瞎火的事情。

由此可见，赏罚分明、双管齐下对员工的心理震慑力是何等的强大。

从心理学的角度讲，奖惩制度是通过一系列正刺激和负刺激的作用，引导和规范员工的行为朝着符合企业需求方向发展。对希望出现的行为，公司用奖励进行强化，也就是正刺激；对不希望出现的行为，利用处罚措施进行约束，也就是负刺激。两者相辅相成，才会有效促进企业目标的实现。

1. 建立切实可行的绩效考评体系

设置绩效考评体系的时候，要根据公司的发展，科学地设置机构和岗位，明确各岗位的职责，进行岗位评价，然后根据岗位描述进行绩效考评。

绩效考评主要是用一定的量化标准对员工做出的业绩和效果进行衡量，它是一项经常性的工作，一般每年一到两次。绩效考评的第一步就是要确定绩效考评指标体系。将考评指标设计成两大类：工作成果类和行为表现类。

（1）工作成果类：即员工是否按时、按质、按量完成本职工作，有无创造性结果等。

（2）行为表现类：即员工在执行岗位职责时所表现出来的行为和工作态度等。

现实生活中，有些管理者担心得罪人，往往对考评并不认真，回避矛盾；或因为考评标准不明确，而不愿意考评。如果对员工不进行考评或进行错误的考评，都会使绩效和奖惩脱离，甚至挫伤员工的积极性，违背奖惩的初衷。所以，企业应建立一套完善的绩效考核评价体系，并尽可能地做到考评的科学化、可行性、时效性。

2. 建立科学、合理的薪酬体系

经营者可以根据其掌管的资产大小、收益状况实行年薪制，把企业效益与个人经济、职业上的风险联系起来。

（1）薪酬分配应体现20：80原则，即向企业20%的核心员工倾斜，有效体现薪酬的奖励职能。企业员工按月发放的固定部分可占40%～50%，其余部分根据绩效考评上下浮动进行奖惩。

（2）在设计薪酬体系时，还应包括一定的福利。它是企业对薪酬体系奖惩职能的一种补充，以货币、实物及一些服务形式来表现，如津贴、休假、私人保险、使用公车等。

3. 建立能上能下的用人机制

晋升职务的奖励作用是多方面的，采取这种奖励手段必须遵循以下两个原则：一是必须建立在严格考核的基础上，被晋升者必须有出色的业绩，并有承担所任岗位的能力；二是晋升职务的激励作用必须是双向的，既能激励其本人，同时对组织的其他成员也起到激励作用。

晋升职务的人选要令人心服口服，这样才能充分地调动晋升者和其他员工两方面的积极性。要做到这一点，必须保证晋升职务的客观性和公正性。

做到客观、公正，就要建立一套能上能下的用人机制。目前在一些企业中仍存在着能上不能下的问题，要贯彻公开、平等、竞争、择优的原则，推行公开选拔、竞争上岗等方式。对于确实业绩平平，甚至给企业造成较大损失者，必须坚决予以降职或免职。

4. 建立以人为本的培训与发展制度

以人为本是当今人力资源开发理论的核心精神，员工是企业最主要的资源，所有员工的培训与发展都是企业需要的。除了普通的培训与发展计划外，还要给优秀或业绩出色的员工提供一些特殊的培训与发展机会，使他们获得承担更高级职务所需要的知识和能力，这是属于较高层次的奖励。

企业应给员工，尤其是优秀员工提供各种供个人发展的平台，给他们提供发展的舞台和空间，帮助他们实现职业梦想。同时，引导这种个人目标与组织的需要相匹配。有时一个好的培训与发展机会，比薪酬更受到重视，人们可以得到从金钱中得不到的荣誉与成就感。

5. 执行奖惩制度赏罚分明

奖惩制度体现了企业价值取向，必须明确鼓励什么、反对什么、提倡什么、抑制什么。在奖惩中须注意六个问题，如表 2-4 所示。

表 2-4　奖惩中须注意的问题

问题	说　明
赏罚并存	企业的奖与罚必须并存，做到奖优罚劣
奖惩及时	一切问题在它发生之后要及时奖励或惩罚，否则奖惩的效果就会大大削弱
注意守信	即该兑现的奖励及时兑现，否则会失信于民，以后再去号召鼓励也无人听从
公正	必须反对平均主义，平均分配奖励等于没有奖励
奖惩适度	奖励过重会使员工产生骄傲和满足的情绪，惩罚过重会让员工感到不公，惩罚过轻会让员工轻视错误的严重性，因此一定要适度
重视精神奖惩作用	对于绝大多数员工来说，表扬和鼓励不仅使他心情愉悦，产生满足感、成就感，更能激发他上进的信心

6. 探索实施职工持股计划

让员工持有企业的股份，把个人利益与企业的利益紧紧连在一起，不仅可以参与企业收益分红，还可以以股权参与公司决策。这种权力方面的刺激，更有利于将员工的利益与公司的远大目标结合起来。应该说，这是在市场经济体制逐步完善过程中一种有效的奖励手段。

上市企业也可试行模拟仿真股票，将现有的公司资本划分为等额的股份，股票与之对应，随着公司效益的增减，股票价格发生变化，以此来确立公司的模拟股票。通过模拟股票价格的上涨或下跌状况，实现在没有上市的前提下操作股票期权，以此来激励员工。

企业奖惩制度的科学实施，是企业目标实现的保证。只有科学地实施奖惩制度，企业才可能形成强大的合力，实现不同时期、不同地点、不同类型的不同目标。

七、文化战略，企业快速发展的保障

企业发展战略，是企业发展的整体战略，是以某一阶段的效益为衡量标准的。企业的发展目标一旦确定，就需要去实施，实施过程中会遇到各种困难和问题，如技术问题、管理问题等，要解决这些问题，仅靠物质刺激和惩罚手段是不够的，还需要一种动力、一种精神、一种文化，这就是企业文化战略。一种优良的文化一旦确立，它就会逐渐成为企业的优良传统，成为企业实现长期发展战略的保证。

企业文化战略，是指在正确理解和把握企业现有文化的基础上，结合企业任务和总体战略，分析现有企业文化的差距，提出并建立企业文化的目标模式。

文化战略是使公司特质与所从事的行业特性方向一致，使公司的事业高度自觉持续发展的一种战略。研究发现，世界优秀企业，其成功背后都有不可模仿的独特的企业文化基因在发挥着关键的作用。

通用电气推崇的三个传统"坚持诚信，注重业绩，渴望变革"；

沃尔玛的基本信仰"尊重每位员工，服务每位顾客，每天追求卓越"；

诺基亚的价值观"科技以人为本"；

英特尔精神"只有偏执狂才能生存"。

的确，它们持续成长、不断发展的动力就在于它们具有不可替代的优秀企业文化，它们独到的经营哲学、共同的价值观念和规范的行为准则，使企业与员工休戚相关、荣辱与共。

（一）文化战略的制定

现代管理学意义上的企业文化是一种管理理论，是在原有企业文化的基础上建立起来的。如何制定企业文化呢？

1. 树立正确思想

企业文化体现了企业的共同价值准则和精神观念，对企业职工有着强烈的内聚力、向心力和持久力，具有无形的导向、凝聚和约束功能，因此，正确、健康、向上的企业文化战略思想对于创建优秀的企业文化具有重要的指导作用。

2. 划分阶段

不同的企业发展具有不平衡性，企业文化的进程有先有后，即使是同一个企业的发展也有不同发展阶段，企业文化战略的实施进程有快有慢，因此应当实事求是地认真分析自己企业所处的战略阶段，保证企业文化战略的持续进行。

一般而言，企业文化战略阶段包括初创阶段、上升阶段、成熟阶段、衰退阶段、变革阶段。

3. 制订方案

为了达到企业文化战略的目标，要依据对企业内部和外部条件的分析与预测，制订出科学、最优和满意的企业文化战略方案。

方案的制订可以根据企业不同时期的不同重点，划分为：总体战略方案和各部门、各单位、各下属的分体战略，或者是全领域战略和局部领域战略。

制订方案要贯彻可行性准则，既要把握方案的时机是否成熟，又要注意该方案在实践中能否行得通，同时还要兼顾必要的应变方案。最后，通过一定的评估方案，选出理想的最佳方案或理想的综合方案。

4. 明确重点

所谓企业文化战略重点，是指对于实现战略目标具有关键作用而又有发展优势或者自身发展薄弱而需要着重加强的方面、环节和部分。

对于不同的企业来说，战略重点的侧重点有所不同：有的重点在于培养企业精神、企业意识、企业道德；有的重点在于塑造企业形象、规范企业制度；有的重点在于树立厂风厂貌、端正经营风尚、提高企业素质等。因此，抓准战略重点，不仅有助于企业文化战略的重点突破，而且也会由此而找到企业走上振兴之路的关键。

5. 选择有成效策略

企业文化战略策略是实现战略指导思想和战略目标而采取的重要措施、手段和技巧。企业要根据战略环境的不同情况，选择别具一格和新颖独特的战略策略，以达成战略目标和推行战略行动。一般而言，企业文化战略策略所遵循的原则包括这样几个，如表2-5所示。

表 2 - 5　企业文化战略策略遵循的原则

原则	说　明
针对性	必须针对实现战略指导思想和战略目标的需要
灵活性	要因时因事因地随机应变，以适应内外环境变化多端的特征
适当性	要讲求实效恰到好处，不过分追新和夸张或搞怪形式
多元性	各种策略技巧相互配套，有机结合，谋求最佳配合和整体优势

（二）企业文化模式

各种企业所面临的环境不同，企业发展的阶段有所差别，企业职工的文化素质参差不齐，因此企业文化的战略模式也各有千秋。一般而言，企业文化战略模式包括这样几种：

1. 先导型的

全力以赴追求企业文化的先进性和领导性，如抢先型、改革型、风险型的战略模式。

2. 探索型的

敢于开拓，敢于创新，敢于独树一帜，与众不同。

3. 稳定型的

按照自己的运行规律步步为营，稳扎稳打。

4. 追随型的

并不抢先实施企业文化战略，而是当出现成功的经验时立即进行模仿或加以改进。

5. 惰性型的

奉行稳妥主义，不冒风险，安于现状。

6. 多元型的

没有一成不变的战略模式，坚持实用态度，或综合进行，或任其发展，哪种有用就采用哪种模式。

（三）实施

企业在选择了正确的文化战略之后，就应当转入有效的战略实施，以保证战略的成功和实效。一般而言，企业文化战略实施包括以下几种措施：

1. 建立战略实施的计划体系

即通过把战略方案的长期目标分解为各种短期计划、行动方案和操作程序，使各级管理人员和职工明确各自的责任体系和任务网络，以保证各种实施活动与企业文化战略指导思想和战略重点相互一致。

2. 通过一定的组织机构实施

企业文化战略的实施，要求建立一个高效率的组织机构，通过相互协调、相互信任和合理授权，以保证企业文化战略的顺利实施。

3. 提供必要的物质条件、硬件设施和财务支持

这既是塑造企业形象的内在要求，也是企业文化战略实施的物质基础。

4. 创造有利于实施企业文化战略的文化氛围和环境

通过一定的教育和灌输方式，大力宣传企业文化战略的具体内容和要求，使之家喻户晓、人人明白，使全体职工深刻理解企业文化战略的实质。

第三章　战略原则，制定战略必须遵循的铁律

做企业没有奇迹而言的，凡是创造奇迹的，一定会被超过。企业不能跳跃，就一定是（循着）一个规律，一步一个脚印地走。

——王石

一、适应环境，注重企业与所处外部环境的互动性

来自环境的影响力在很大程度上会影响企业的经营目标和发展方向。战略的制定一定要注重企业与其所处的外部环境的互动性，要根据企业所处的实际情况来制定，要适应环境。

1. 准确分析外部环境

（1）认清外部环境发生的变化。商业环境时常处于剧烈变化之中，而环境变化会对企业经营产生重要影响，有些影响甚至是致命的，我们要认清宏

观的变化、行业的变革、竞争条件的变化、消费者需求的变化，认清这些变化将会更有利于我们的发展。

（2）洞察变化带来的影响。行业变化是必然的，不过不是所有的变化都会对企业带来影响，要分清行业变革带来的主要影响和次要影响，对企业带来的直接影响和间接影响，并系统分析这些影响，清晰洞察，做出对策，加以应对。

（3）分清企业的机会和威胁。外界环境带来的变化无非是机遇和威胁，机遇是企业要抓住的，威胁是企业要避免的，分清这些并及时应对会使企业发展更快。

2. 科学盘整内部资源和能力

（1）系统盘点内部资源。对企业的人力资源、物质资源、财务资源、生产资源、网络资源、隐性资源（企业文化、员工意识等）等方面进行系统盘整，将之对战略的支持度和可转移性进行分析，财务、销售、成本方面须定量，隐性、网络等方面须定性，资源盘点在于明晰现有资源状况，为战略制定执行打下资源基础。

（2）科学盘整企业能力。对企业生产力、营销力、盈利力、财务收益力、发展力、营运力等进行系统评估，对各部分的关键要素进行评分，并同行业先进企业、区域先进企业对比，明晰企业的竞争优势所在，明确自己的核心竞争力，并着力构建自己的核心竞争力，同时要评估企业现有能力状况。

（3）分清企业的优势劣势。资源和能力企业不大可能全部优秀，拥有程度会有不同，评估过程中我们要分清企业的优势劣势，并做出相应的改善应对之策，以此来确定各资源能力对企业战略规划的支持，为下一步的企业战略规划做准备。

3. 内外部分析整合

企业内外部环境分析完毕，企业的商业环境就清晰明确了，要对外部的变化影响、内部的资源能力进行综合评估、比较，从而确定企业的战略规划。

（1）对企业外部环境中的关键影响因素、内部资源中的关键驱动因素和内部能力中的关键成功因素进行评分对比，并同行业中优秀企业进行对比，参照行业成功的关键因素和竞争成功要素，选择出企业的战略方向。

（2）对企业的发展要做出必要的战略假设，对企业所有的可能发展路径进行剖析，并同企业现有的资源和能力进行匹配对比，评估战略假设的可行性，进行效果预测和发展探讨，从而确定企业的发展方向及路径。

4. 明晰企业愿景、使命、价值观

（1）明白企业存在的意义。企业为什么会存在，为什么而发展——这些基础的问题其实就是企业存在的意义，或许是为了获取利润，或许是为了实现企业家价值，或许是为了其他，但做企业战略规划前，首先要明确企业存在的意义，这样我们才能更好地实现企业存在的价值。

（2）明确企业未来的愿景。其实就是回答企业"现在是什么、未来是什么"的问题，让企业真正明白自己所需所求，看清现实状况和发展前景，目标明确了，发展也会更加有动力。需要注意的是，企业愿景必须是具体的、明确的，经过努力进取可以实现的。

（3）明确企业使命。企业使命是企业自己在商业环境中所选择的定位，企业终究是从事商业活动的，企业使命是企业明确其商业价值的重要一步，也是企业需要清晰的，其直接关系到企业战略规划的目标设定。

（4）明确企业价值观。企业价值观是企业做事的根本，是企业从事商业活动的准则，是企业商业经营的一贯方针，它决定了企业战略规划的可行性、保障性，也是企业发展的根基。

上述四方面，现实中的企业往往是都已经提前确定的，或许是在潜意识中遵循的，企业在制定企业战略规划时要挖掘并遵循这些既定的规则，以保证战略的正确制定，当然，随着商业环境的变化，上述方面也会进行必要的调整，战略规划随之也要发生相应变化。

5. 制定企业发展战略

基于企业商业环境和资源能力的洞察，同时服务服从于企业愿景、使命和价值观，企业制定企业发展的战略时应注重：

（1）企业总体战略要和商业环境紧密结合。商业环境和竞争状况将会很大程度上影响到企业战略规划的制定和执行，未来的商业发展趋势也会影响到企业的战略制定；商业分析应以外部环境分析和预判为重，内部盘点侧重资料分析和能力洞察。

（2）企业战略规划要考虑到区域局势。企业所处的区域、核心市场所在地、生产基地所在地及周边，无不是企业经营的重要区域，而这些区域的局势很大程度上也在影响着企业的发展，影响着企业的战略规划制定。战略规划要兼顾这些方面，考虑到区域局势的可能性演变。

（3）企业资源和能力与战略规划的匹配度是重要的参照值。企业战略规划可能会有很多种，战略假设也可以做很多种，但企业的资源和能力是有限的，与其相匹配的战略规划其实并不多，战略选择的价值就在于从假设中选出正确的路径并矢志行之。

二、全程管理，不忽视任何一个阶段的任何细节

战略是一个过程，包括战略的制定、实施、控制与评价。在这个过程中，各个阶段是互为支持、互为补充的，忽略其中任何一个阶段，企业战略管理都不可能成功。

战略实施是一个自上而下的动态管理过程。所谓"自上而下"，主要是指战略目标在公司高层达成一致后，再向中下层传达，并在各项工作中得以分解、落实。所谓"动态"主要是指战略实施的过程中，常常需要在"分析—决策—执行—反馈—再分析—再决策—再执行"的不断循环中达成战略目标。

经营战略在尚未实施之前只是纸面上的或人们头脑中的东西，而企业战略的实施是战略管理过程的行动阶段，因此它比战略的制定更加重要。从企业战略制定到战略的实施过程中，有四个相互联系的阶段。

1. 战略发动阶段

在这一阶段上，企业的领导人要研究如何将企业战略的理想变为企业大多数员工的实际行动，调动起大多数员工实现新战略的积极性和主动性，因此要对企业管理人员和员工进行培训，向他们灌输新的思想、新的观念，提出新的口号和新的概念，消除一些不利于战略实施的旧观念和旧思想，以使大多数人逐步接受这种新的战略。

对于一个新的战略，在开始实施时相当多的人会产生各种疑虑，而一个

新战略往往要将人们引入一个全新的境界，如果员工们对新战略没有充分的认识和理解，它就不会得到大多数员工的充分拥护和支持。

战略的实施是一个发动广大员工的过程，要向广大员工讲清楚企业内外环境的变化给企业带来的机遇和挑战、旧战略存在的各种弊病、新战略的优点以及存在的风险等，使大多数员工能够认清形势，认识到实施战略的必要性和迫切性，树立信心，打消疑虑，为实现新战略的美好前途而努力奋斗。

在发动员工的过程中，重要的是努力争取战略的关键执行人员的理解和支持，企业的领导人要考虑机构和人员的认识调整问题以扫清战略实施的障碍。

2. 战略计划阶段

将经营战略分解为几个战略实施阶段，每个战略实施阶段都有分阶段的目标，相应的有每个阶段的政策措施、部门策略以及相应的方针等。要定出分阶段目标的时间表，要对各分阶段目标进行统筹规划、全面安排，并注意各个阶段之间的衔接，对于远期阶段的目标方针可以概括一些，但是对于近期阶段的目标方针则应该尽量详细一些。

在战略实施的第一阶段应该使新战略与旧战略有很好的衔接，以减少阻力和摩擦，而且第一阶段的分目标及计划应该更加具体化和可操作化，应该制定年度目标、部门策略、方针与沟通等措施，使战略最大限度的具体化，变成企业各个部门可以具体操作的业务。

3. 战略运作阶段

企业战略的实施运作主要与下面六个因素有关，即各级领导人员的素质和价值观念；企业的组织机构；企业文化；资源结构与分配；信息沟通；控制及激励制度。通过这六项因素使战略真正进入到企业的日常生产经营活动中去，成为制度化的工作内容。

4. 战略的控制与评估阶段

战略是在变化的环境中实践的，企业只有加强对战略执行过程的控制与评价，才能适应环境的变化，完成战略任务。这一阶段主要是建立控制系统、监控绩效和评估偏差、控制及纠正偏差三个方面。

三、整体最优，能够调动各个部门并形成合力

战略管理要将企业视为一个整体来处理，要强调整体最优，而不是局部最优。战略管理不强调企业某一个局部或部门的重要性，而是通过制定企业的宗旨、目标来协调各单位、各部门的活动，使它们形成合力。

个人的力量是有限的，团队的力量才是无穷的，任何一个团队都需要团结，小到家庭，大到社会。可做好团结并不容易，因为每个人都是一个独立的存在，有着独立的思想，对每件事的看法和做法存在着不同观点自然也无可厚非。

作为一个企业，要用一定的规章制度来制约团队中可能出现的不和谐行为，保证企业的正常运行。要获得团队的力量，必须在每个群体中充分发扬团结合作、协调配合的精神，尤其是像劳动密集型企业，更需要团结的力量，需要协调和配合。

1. 部门协调是大团结的保证

每个企业都是一个小社会，随着时代的发展而有了越来越精细的分工。

社会分工是市场经济发展的基础，没有社会分工，就没有商品交换，市场经济也就无从谈起。部门细化分工是为了让各项工作做精、做细、做实、做快，来提高企业的生产效率。所以各部门工作范围不一样，但是工作目的是相同的，即都是为了共同的发展。

常看《动物世界》的人肯定会经常看到非洲草原上每天都在进行的弱肉强食的战争，通过这些大自然给予的精彩镜头，我们可以稍作思考，为什么明明是强壮的动物却成了相对较小的动物的口中食呢？比如：

三只矮小的野狗妄图把高大的斑马作为一顿美餐，对斑马发动了攻击，旁观者看来三只身体单薄的野狗很难是大斑马的对手。

结果，三只野狗从不同的方向同时扑向斑马，死死咬住了斑马，任凭斑马如何踢弹，一点也不敢松懈。不一会儿，在三只野狗的齐心攻击下，高大的斑马终于体力不支瘫倒在地，成为它们的口中美餐。

这就是团结产生的力量、协调发挥的作用，把不可能的事变成了现实。

一个企业各部门之间的整体配合是企业获得发展很重要的一个环节，就像一个人一样，表面看是骨骼支撑着人体，而实际上骨与骨之间都是由韧带连接，韧带断了人就散架了。

协调在企业中的作用就像韧带在人体中的功能，各部门之间如果缺少协调来润滑，会陷入一个僵硬的状态，让本来很好的一个管理策略失去它应有的效力，使得企业缺少活力而步入危机。所以在企业中，没有一个部门是不重要的，如果只重视自己的部门工作而忽略与别的部门合作，永远得不到一个整体合力，完不成整体任务。只有各部门全力协作、加强协调，才能形成企业的强大合力，推动企业的全面发展。

2. 员工协调是大团结的基础

员工之间的协调配合，首先，管理者起着重要作用，协调是管理工作的一项基本职能，只要实施管理，必然产生协调的需求。企业要将以人为本作为企业指导思想，把员工看作是企业最宝贵的财富，管理人员要以身作则，公平处事，把每一位员工都视作自己的亲人，要看到每位员工的长处并加以发挥，让自己成为员工信任的人。如何取信于员工？只有用关怀、用真情与员工沟通，去了解员工，才能打开他们的心锁，让他们放下包袱，轻松地投入工作。

其次，员工也要主动做好协调工作。工作无贵贱，分工是为了让擅长的人做擅长的事，或者是为了开发每个人的工作能力、培养工作优势，分工的最终目的是为了良好的合作，没有合作，分工就没有意义，产生不了价值。就像流水线上，一件产品的完美完成需要几十道工序甚至更多，少了一道都成不了合格品，不能为企业创造财富，也不能给自己带来利益。只有各司其职，才能提高效率，产生最大的利益，因为对于员工来说，企业的利益是大家共同的利益。

在工作中，要通过互相理解、相互协调来减少不必要的冲突，避免内耗。内耗产生于人与人之间的冲突，而冲突往往产生于一时的误会，或者拉不下面子而固执己见，抑或情绪过于激动，其实矛盾和冲突不可避免，若大家都为对方着想，学会不伤大雅地小退一步，那么大家都可以和睦相处、团结友爱，一起为公司创造更大的利益。

一个人的成功，要通过发挥自己最大的优势得到最高的价值来体现，而一个企业的成功，是由每个人的成功组合而成、由每个员工的团结凝聚而成的。只有把员工之间和部门之间的协调工作都做好了，大家都能精诚合作、团结拼搏，那么我们就拥有了发展的巨大力量、腾飞的强劲翅膀。

四、全员参与，民主氛围下的战略制定、实施与控制

由于战略管理是全局性的，并且有一个制定、实施、控制和修订的全过程，所以战略管理绝不仅仅是企业领导和战略管理部门的事，在战略管理的全过程中，企业全体员工都将参与。

在传统的企业管理过程中，战略完全是由企业的高层人员决定的，而大部分员工所要做的只是坚决执行战略所属的具体目标和任务，即所谓的"高层思考，基层行动"。在这种企业管理模式中，员工往往对企业前进的方向漠不关心，因为他们认为这些不是他们所应该思考的事情，何必杞人忧天呢？其实，今天的组织需要其所有成员都参与到战略管理的过程中来。

全员参与仅仅凭借管理者的行政权力是不够的。缺乏全员参与的企业，往往存在事故隐患多、生产消耗大、制度和企业文化难以贯彻等不足，员工普遍缺乏归属感和责任感。即使是开会，管理者可以要求每个员工都到场，但却不能保证坐到会场来的员工都能认真听会，更不能保证员工在会上都能充分发表自己的意见。可以说，全员参与要依靠员工的自觉和自愿，这是行政手段难以干预的，为此需要企业通过一系列措施来引导。

（一）领导作用

"火车跑得快，全靠车头带"。管理者作为企业的重要核心部分，是企业

正常开展工作的基础，如何把员工组织起来工作正是领导者基本的职能，其在管理行为中的率先垂范，对提高员工的向心力，促进全员参与将起到很好的引导作用。

企业在执行一项新决策、一个新目标时，对于员工往往是具有挑战性的或者说是陌生的，团队和员工在执行过程中常常会遇到困惑和问题、冲突与挫折，感到难以适应，对旧的思想观念、风俗习惯会感到难以摆脱。

因此，企业高层领导者应当帮助团体和员工，发挥其在员工中的亲和力，在具体的管理行为中进一步诠释，帮助员工认清所处的环境和形势，指明活动的目标和达到目标的途径，并提供必要的资源和营造相应的氛围；中层管理者也要发挥其存在的价值，要善于集中员工的经验和智慧，用员工自己成功的经验去指导员工，提高员工，解决员工中存在的问题；而作为基层管理者，则更多地要担当培育和一线执行指挥员的角色。

1. 要体现领导者的决策作用

领导者的决策作用同领导职能职责密切相关，直接关系到整个领导职能职责能否得到很好的履行，集中体现出企业广大员工的愿望和要求。领导者的决策作用体现在企业中，就是为企业明确一个方向或目标，是企业全员参与的前提。

2. 要体现领导者的协调作用

一个有效的领导者，不仅能够提出好的愿景目标和战略，而且能够通过有效的协调作用，搭建起由组织内外方方面面实力人士或组织有机构成的资源协作体系，从而为实现愿景目标奠定了基础。这一过程，就是为全员参与创造条件的过程。

3. 要体现领导者的组织作用

领导者的组织作用要求领导者确定企业中的组织机构和职能分配。如果出现组织问题，那么管理者应该检视问题的原因：是由于组织工作和角色分配本身出现问题，还是因为员工具体在执行过程中的某个环节出现了问题，是由于能力有限无法胜任还是执行不力或者产生偏差等，这要求管理者对公司人员组成、组织结构、资源组合等了然在胸，否则将直接影响到全员参与的有效性结果。

4. 要体现领导者的指挥控制作用

在生产经营各项工作执行过程中，领导者应该密切关注、定期检查、及时评估，监督计划能否如期进行，适时进行激励，并实施其控制功能，当计划偏离目标时应作迅速的反应，及时纠正和调整，保证计划的顺利实施，确保实现目标。在整个指挥控制过程中，组成了一条指挥控制链，领导者应该很好地控制整个指挥控制链，确保全员参与的积极性和有效性。

所以说，领导者是团队的领航者，是行驶于大海之上巨轮的舵手，领导作用对促进全员参与、提高企业执行力方面的影响是举足轻重的。

（二）理念引导

企业文化具有很强的导向作用，和谐与发展是我国企业的主旋律，在这个过程中，优秀的文化理念可以引导和激发员工参与构建和谐企业的工作热情。

首先，要培养企业员工的主人翁精神，要针对行业共同价值观总体要求，以及员工为企业服务与为自己服务"双赢"的特点，弘扬"公司兴我兴"、"公司荣我荣"的牢固思想，调动一切积极因素，在员工中形成荣辱与共、价值统一的利益共同体，促进企业凝聚力、向心力和核心竞争力的有效提升。

其次，要结合企业的生存与发展，积极倡导"居安思危"的生存理念，着力诠释企业的发展成就、发展前景、面临的挑战和机遇，增强员工的忧患意识、机遇意识、发展意识、竞争意识和责任意识。

再次，要倡导团队合作的价值理念和行为准则，强调上下同心、相互协作、共同奋斗的团队精神，增强员工的团队合作意识。

最后，针对企业生产经营的实际，可以结合生产经营各个环节提出一些诸如"一切为了顾客"、"下道工序是顾客"、"服务到位、乐于奉献"等服务和工作理念，引导员工进一步提升自身意识，为全员参与打下良好的基础。

（三）氛围营造

员工的参与意识、参与热情要用"政治优势"来激活，"组织优势"来激发，"文化优势"来激励。营造全员参与氛围的形式多种多样，要突出"以人为本"的理念，把员工视为组织的宝贵财富、最重要的资源。没有这样的理念，即使有相应的制度，有相应的全员参与形式，往往也难以真正吸引员工参与，更难以使员工满意。员工只有感到自己被组织当作"人"了，对组织有了归属感，才可能产生参与的热情。

1. 加强思想政治工作

通过定期收集员工反馈信息，及时把员工关心的热点、难点问题汇集起来，真正做到件件有答复、事事有回音。同时，加强思想政治教育工作，进一步统一员工思想，理顺员工的情绪，确保生产经营秩序和员工队伍的稳定。

2. 在制度上加以健全

以亲情化管理对待员工，维护员工利益，解决员工关心的问题，设立员工成长通道，创造员工发展空间，并在工作中给员工提供培训机会，让员工获得持续成长，不断增强整体素质，为全员参与创造良好的条件。

3. 在舆论宣传上下功夫

在不断完善网络平台、宣传栏、橱窗等宣传文化阵地的基础上，组织开展运动会、知识竞赛、意见和建议征集等各种活动，丰富企业文化载体，增强渗透力和影响力，进一步营造和谐、融洽的企业氛围，充分调动全体职工的参与积极性，营造空前活跃的参与氛围，最大限度地吸引和动员全体职工参与到企业各项活动中，增强职工的能动性、创造性，进而促进企业执行力得到提高。

4. 保持渠道畅通

全员参与的程度实际上是员工对企业的向心力的表现，反映了企业的凝聚力。全员参与程度如何，与企业为员工创造畅通的参与渠道有关。没有畅通的参与渠道，员工即使有参与的热情，也无法有效参与。如果组织过分注重员工的等级，中层管理人员堵塞沟通渠道，员工除了被动完成自己的任务，再也不会关心组织，这样组织就会显得死气沉沉。

参与渠道形式多种，表现在组织形式上，可以是部门参与、车间参与等；表现在参与形式上，可以是沟通参与，即征求意见、公告、听证会等；也可以是决策参与，即职代会等形式；还有就是实践参与，即 QC 活动、小改小革活动等，让员工亲自参与到改进工作中，去发现问题、分析问题和改进问题，促进工作顺利开展。

5. 创新全员参与的组织形式

企业还可以创新一些全员参与的组织形式，减小参与的最小群体单元，比如，可以发挥班组或团队作用，扩大成员的参与面，通过发挥班组（团队）影响力，将企业生产经营的各项要求和改进方向通过班组（团队）内消化与改进、班组（团队）间竞争与协作，进而达成部门、企业统一的执行步伐和努力方向，并形成一种固定的运作常态，将达到良好的管理效果，促进企业执行力得到提升。

总之，全员参与是提高企业执行力的有效手段。每一位员工都是企业不可缺少的部分，企业所取得的成绩都是全体员工共同努力的结果，企业要充分认识到全员参与的重要性，并积极采取措施提高企业生产经营工作的全员参与度，进而促进企业执行力得到提高。

五、反馈机制，不断跟踪反馈以保证战略的适应性

战略管理涉及的时间跨度较大，一般在五年以上。战略的实施过程通常分为多个阶段，因此应分步骤地实施整体战略。在战略实施过程中，环境因素可能会发生变化，企业只有不断地跟踪反馈方能保证战略的适应性。

企业的发展离不开信息，很多企业已经意识到信息的重要性，于是它们每天都会从市场上收集到大量的反馈信息。但是，收集到的市场信息只能说明企业迈出了把握先机、走近成功的一步，关键的问题在于如何有效地将信息转化为生产力，即迅速、有效地做好反馈信息的执行工作。

那么，企业如何有效地做好反馈信息的执行呢？

（一） 整理反馈信息

如何对反馈信息进行整理呢？

1. 筛选反馈信息

对企业来说，筛选整理信息是有效执行反馈信息的第一步。由于从市场上收集到的反馈信息并不是完全有价值的，要想挖掘出反馈信息的价值，就要透过事物现象看本质。企业进行信息筛选主要是为了核实反馈信息、杜绝失真信息的误导。如果企业对信息未经辨别而盲目信从，往往就会导致巨大的经营危机。

信息经过筛选，企业就可以从中挑选出适合自己发展的信息。例如，通过知晓竞争对手营销策略的改变，有助于企业采取新策略做出正确决策，使企业在竞争中抢占先机。

信息的媒体是多样化的，如互联网、电话、传真、报纸杂志等，所以筛选信息的难度也在加大，企业务必擦亮双眼，挑选出对企业当前工作有转机的信息，特别是潜在信息，才有利于更好地取得执行效果。

2. 整理反馈信息

任何事物都是有联系的，信息也不例外，部分反馈信息在某时段上可能会共同反映一种现象。企业通过统计、归属、整理，可以更有效地提高信息处理的效率。

（二） 为反馈信息分类

对信息筛选整理之后，下一步工作是按信息的时效性、营销因素的针对性和信息的归属性对其进行分类、管理。比如，属于技术部门的问题就列入技术部的信息卡，属于生产部门的就列入生产部的信息卡，这样就大大提高了反馈信息的精度，同时也避免了后期信息传递的盲目性。

企业在具体操作时应依各自的情况进行反馈信息的分类，以避免在以后工作中出现部门间相互扯皮等不良现象，影响反馈信息的时效性和执行力度。企业在信息把握上要灵活有序，对反馈信息合理分类是信息反馈执行过程中的重要部分，不可轻视。海尔的信息分类工作做得还是比较科学、到位的，值得很多企业借鉴。

储存鲜肉是冰箱的一项重要用途，但冰箱冷冻温度过低，鲜肉总是冻得硬邦邦的，还得解冻才可以用刀切，非常不便。海尔从消费者中得到此信息后，就直接将这一信息归属分类为科技研发部门。随后，深受市场欢迎的"无须解冻即时切007"冰箱就迅速面市了。

（三）传递反馈信息

反馈信息经过整理、分类，它所反映的问题的本质也逐渐明晰，接下来进行合理传递成为信息执行中的一个关键环节。在传递信息时，企业既要保证信息的畅通无阻，又要注意信息的保密性。

在具体操作时，很多企业因为信息传递途径过长，而无法将信息执行下去，或者偏离了执行方向，这一点是值得企业注意的。

另外，很多企业的失败之处在于部门间信息根本就不流通。本来是销售部的信息反映到生产部，被搁置起来无人问津；本该很好解决的问题，却因销售部门不知道而丧失了企业的客户；本应是科研部门的问题却在生产部门搁浅，失去市场良机。

企业要发展，部门间的精诚合作是前提。如果一个企业的销售部门与售后服务部门不和，产品出了问题，销售部门推说找售后服务部门，售后服务部门推说找销售部门，两者都不愿承担责任，这样企业内部不能齐心合力、团结一致，当然也就谈不上更好的发展，迟早要被市场淘汰。

一般情形下，部门主管收到的信息签字后马上执行，不能马上解决或执行难度较大，就要交给企业高层进行决策，并制定出解决问题的相关方针政策，与执行负责人研讨、协商，布置信息处理的目标及拿出合理的可行性方案交给相关的部门主管。

（四）对反馈信息进行有效执行

如何对反馈信息进行执行？

1. 执行

对反馈信息的执行是整个反馈信息执行过程的中心点。部门主管在拿到执行方案后，就开始贯彻落实，调动相关的工作人员并配备相关的物力、财力等，从事具体操作，按要求完成执行任务。

2. 监督

在执行过程中，工作人员的态度、效率如何，信息执行情况是否偏离了预期目标，执行中出现了哪些新问题等，这些情况还需要管理者进行认真的监督。

执行监督的方式通常有制度监督和专职监督两种：

（1）制度监督：企业按照内部章程、工作细则等进行监督。

（2）专职监督：企业组织专门的督察人员进行监督。两种监督方式并用，互补长短，效果更佳。

3. 效果评估

效果评估是能够显现出反馈信息执行的经验教训的方法之一，所以，它往往被企业所采用，也成为在整个反馈信息执行过程中必不可少的步骤。

进行效果评估的必须是相关方面的专家，这样才能确保做出专业、客观、合理、科学的评判，使其具有较高的参考价值，企业也可据此自省、总结，使反馈信息的执行更有效。

4. 储存

在反馈信息的执行即将收尾时，企业仍不能懈怠，还要按反馈信息所涉及的部门建立信息处理档案库，对信息的执行情况进行管理，以此保证在今后更好地为反馈信息的执行工作服务。

（五）信息再反馈

经过整理、分类、传递、执行等环节后，企业还需要最后一道工序——再反馈。企业进行信息再反馈，除表示对客户的感谢外，还要征询他们对反馈信息执行过程中的不满之处，以及鼓励他们对企业提出相关建议，完善企业信息执行管理系统。

企业做好反馈信息的执行，需要全员运作，更需要企业的管理决策层、执行操作层的共同参与。反馈信息经过上述五个步骤，组成了反馈与再反馈的链条，构成了企业对反馈信息执行的良性循环，为企业把握市场瞬息万变的形势提供了无限商机。

第四章 战略形态，权衡内外因素后选择的方式

看油画的时候，退到更远的距离，才能看明白。离得很近，黑和白是什么意思都分不清。退得远点，就能明白黑是为了衬托白，再远点，才能知道整幅画的意思。打这个比喻是为了时时提醒我们牢记目标，不至于做着做着就做糊涂了。

——柳传志

一、市场渗透战略，运用三种形式进行市场扩张

市场渗透，是指实现市场逐步扩张的拓展战略。该战略可以通过扩大生产规模、提高生产能力、增加产品功能、改进产品用途、拓宽销售渠道、开发新市场、降低产品成本、集中资源优势等单一策略或组合策略来开展。其战略核心体现在两个方面：利用现有产品开辟新市场实现渗透、向现有市场提供新产品实现渗透。

市场渗透战略是比较典型的竞争战略，主要包括：成本领先战略、差异化战略、集中化战略三种最有竞争力的战略形式。

1. 成本领先战略

成本领先战略是三种通用战略中最清楚明了的，在这种战略的指导下，企业决定成为所在产业中实行低成本生产的厂家；企业经营范围广泛，为多个产业部门服务甚至可能经营属于其他有关产业的生意；企业的经营面往往对其成本优势举足轻重；成本优势的来源因产业结构不同而异，可以包括：追求规模经济、专利技术、原材料的优惠待遇和其他因素。

美国沃尔玛连锁店公司是世界上最大的连锁零售商，2002年沃尔玛全球营业收入高达2198.12亿美元，荣登世界500强企业的冠军宝座。沃尔玛发展的一个重要原因是成功运用了成本领先战略并予以正确实施。

沃尔玛的经营策略是"天天平价，始终如一"，即所有商品、在所有地区、常年以最低价格销售。为做到这点，沃尔玛在采购、存货、销售和运输等各个商品流通环节，采取各种措施将流通成本降至行业最低，把商品价格保持在最低价格线上。

沃尔玛降低成本的具体举措如下：

第一，将物流循环链条作为成本领先战略实施的载体。

（1）直接向工厂统一购货和协助供应商降低成本，降低购货成本。沃尔玛采取直接购货、统一购货和协助供应商降低成本三者结合的方式，实现了完整的全球化适销品类的大批量采购，形成了低成本采购优势。

（2）建立高效运转的物流配送中心，保持低成本存货。为解决各店铺分散订货、存货及补货所带来的高昂的库存成本代价问题，沃尔玛采取建立配送中心、由配送中心集中配送商品的方式。为提高效率，配送中心内部实行完全自动化，所有货物都在激光传送带上运入和运出，平均每个配送中心可同时为 30 辆卡车装货，可为送货的供应商提供 135 个车位。

（3）建立自有车队，有效地降低运输成本。运输环节是整个物流链条中最昂贵的部分，沃尔玛采取了自建车队的方法，并辅之全球定位的高技术管理手段，保证车队处在一种准确、高效、快速、满负荷的状态。一方面减少了不可控的、成本较高的中间环节和车辆供应商对运输环节的中间盘剥；另一方面保证了沃尔玛对配送中与各店铺之间的运输掌握主控权，将货等车、店等货等现象控制在最低限度，保证配送中心发货与各店铺收货的平滑、无重叠衔接，把流通成本控制在最低限度。

第二，利用发达的高技术信息处理系统作为战略实施的基本保障。

沃尔玛开发了高技术信息处理系统来处理物流链条循环的各个点，实现了点与点之间光滑、平稳、无重叠的衔接，使点与点之间的衔接成本保持在较低水平。

第三，对日常经费进行严格控制。

沃尔玛对于行政费用的控制非常严格。在行业平均水平为 5% 的情况下，沃尔玛整个公司的管理费用仅占销售额的 2%，这 2% 的销售额用于支付公司所有的采购费用、一般管理成本、上至董事长下至普通员工的工资。

为了维持低成本的日常管理，沃尔玛在各个细小的环节上都实施节俭措施，比如，办公室不配置昂贵的办公用品和豪华装饰、店铺装修尽量简洁、商品采用大包装、减少广告开支、鼓励员工为节省开支出谋划策等。

另外，沃尔玛的高层管理人员也一贯保持节俭作风，即使是总裁也不例外。首任总裁萨姆与公司的经理们出差，经常几人同住一间房，平时开一辆二手车，坐飞机也只坐经济舱。沃尔玛一直想方设法从各个方面将费用支出与经营收入比率保持在行业最低水平，使其在日常管理方面获得竞争对手无法抗衡的低成本管理优势。

2. 差异化战略

差异化战略又称别具一格战略，是将公司提供的产品或服务差异化，形成一些在全产业范围中具有独特性的东西。实现差异化战略可以有许多方式：设计或品牌形象、技术特点、外观特点、客户服务、经销网络及其他方面的独特性。最理想的情况是公司使自己在几个方面都差异化。

海底捞始终秉承"服务至上、顾客至上"的理念，以创新为核心改变传统的标准化、单一化的服务，提倡个性化的特色服务，将用心服务作为基本经营理念，致力于为顾客提供"贴心、温心、舒心"的服务。

海底捞的服务不仅仅是体现于某一个细小的环节，而是形成了从顾客进门到就餐结束离开的一套完整的服务体系。

海底捞的服务之所以让消费者印象深刻，就在于将其他同类火锅店存在的普遍性问题通过服务的形式予以很好地解决，比如，在就餐高峰的时候，为等候的客人提供一些让人感觉很温暖、很温馨的服务，如免费各式小吃、饮料，同时，顾客在等待的时候还可以免费上网，甚至女士可以在等待的时候免费修理指甲等。

3. 集中化战略

集中化战略是主攻某个特殊的顾客群、某产品线的一个细分区段或某一地区市场。正如差别化战略一样，集中化战略可以具有许多形式。虽然低成本与差别化战略都是要在全产业范围内实现其目标，集中化战略的整体却是围绕着很好地为某一特殊目标服务这一中心建立的，它所开发推行的每一项职能化方针都要考虑这一领域中心思想的崭新焦点。

集中化战略在联合利华得到了充分体现：

（1）企业集中化。1999年，把14个独立的合资企业合并为4个由联合利华控股的公司，使经营成本下降了20%，外籍管理人员减少了3/4。

（2）产品集中化。果断退出非主营业务，专攻家庭及个人护理用品、食品及饮料和冰淇淋三大优势系列，取得了重大成功。

（3）品牌集中化。虽然拥有2000多个品牌，但在中国推广不到20个，都是一线品牌。

（4）厂址集中化。通过调整、合并，减少生产地址，节约运行费用。

集中化是经营智慧的突出体现。企业无论大小强弱，能力、财力和精力都是有限的，在经济全球化和竞争激烈化的形势下，为了向客户提供附加值比较高的产品或服务，必须在各个方面善于集中，善于争取和发展相对优势，在任何时候都不要拉长战线、分散资源，不要搞无原则的多元化，更不要盲目进入非擅长的领域。

二、多元化经营战略，运用三种形式增强综合优势

多元化经营，又称多样化或多元化经营，是指企业经营不只局限于一种产品或一个产业，而是实行跨产品、跨行业的经营扩张。企业多元化经营的形式多种多样，但主要可归纳为以下四种类型：

（一）同心多元化经营战略

同心多元化经营战略，也称集中化多角化经营战略，是指企业利用原有

的生产技术条件，制造与原产品用途不同的新产品，比如，汽车制造厂生产汽车，同时也生产拖拉机、柴油机等。其特点是，原产品与新产品的基本用途不同，但它们之间有较强的技术关联性。例如：

冰箱和空调就是用途不同但生产技术联系密切的两种产品，关键技术都是制冷技术。生产容声牌冰箱的科龙公司曾连续四年全国销量第一，1993年他们看到国内对空调需求增加，决定投资3.5亿元，建成年产40万台的空调器厂。

（二）水平多元化经营战略

水平多元化经营战略，也称为横向多元化经营战略，是指企业生产新产品销售给原市场的顾客，以满足他们新的需求。

例如，某食品机器公司，原生产食品机器卖给食品加工厂，后生产收割机卖给农民，以后再生产农用化学品，仍然卖给农民。

水平多元化经营的特点是，原产品与新产品的基本用途不同，但它们之间有密切的销售关联性。

（三）垂直多元化经营战略

垂直多元化经营战略，也称为纵向多元化经营战略。垂直多元化经营的特点，是原产品与新产品的基本用途不同，但它们之间有密切的产品加工阶段关联性或生产与流通关联性。

中国彩电业界，"多元化"的含义并不陌生，像创维这样在一个产业里面"纵向多元化"则非常少见。创维为什么选择这种"纵向多元化"？

普通消费者对于创维的印象经常与"风暴"这个词联系在一起。在2001

年，创维推出了"纯平风暴"，2002 年是"逐行风暴"，2003 年叫"高清风暴"，2004 年则换成了"平板风暴"。像台风过境，年年不同，但每次都迅猛异常。

从 2001 年 50 多亿元的销售额，已经增长到 120 亿元，而且在消费者心中形成"时尚、创新感较强"的品牌形象，其中这几场"风暴"可算居功至伟。

其实细数起来，除了"逐行"潮流主要是由创维催动的之外，其他几个都不算是创维的专利，某家厂商推出一个新技术产品，做一个好概念，得到市场的认同，马上大家尾随而至，几家主流厂商轮流充当领头者和分食者的角色。

在中国的彩电厂商之间，没有秘密，谁也别想专美。但不管扮演领头者还是分食者的角色，创维始终保持着一种快速的、富有攻击性的风格：到处寻找尚处于导入期的新技术，抢先切入，占据先手；即使错过了第一时机，也会在新技术进入成长期的时候全力进场，从不缺席；一旦发现该技术出现衰退的迹象，立刻离场。

2000 年，创维开发出了一种新应用技术——双频电视，原来传统电视的频率是 50 赫兹，这种电视是 100 赫兹的，产生的频闪更加不容易被人眼察觉。但当时在市场上并没有获得认同。2002 年，创维给这项产品包装了个新名字——"健康电视"，推出了更多的型号。随着"不闪的才是健康的"这句广告语风靡全国，创维健康电视的销量和这个被命名为"逐行电视"的细分市场一起迅速成长起来，逐行电视市场在一年内翻了几倍。

2002 年刚刚在市场上崭露头角的高清数字电视与传统模拟电视划清了界限，到了 2003 年，不仅技术已经比较完善，成本也达到与逐行电视差不多的水平。也就是说，逐行电视已经输掉了与数字高清电视的竞争。看到潮流已改，创维三个月内完全停产，将存货清理完毕，转而全力进攻高清数字电视。

此时，创维的几个主要对手已经抢先占据了这块新市场：长虹率先提出数字长虹概念；康佳宣布"高清元年"来临，并召开中国高清电视技术论坛，图谋霸主地位；专注于高端电视领域的厦华提出"引领中国数字化革命"；TCL则以"数字窗"概念整合旗下所有高清产品。

创维采取一贯的速战速决、以攻为守的风格。9月22日，创维宣布生产出了高清背投，一个星期之后，6款高清数字背投、9款高清数字纯平、1款液晶电视就出现在北京市场上，冠名"健康高清"。10月15日，创维宣布停产，并且大肆宣传逐行是即将被淘汰的产品，引来不少仍在生产逐行电视的厂商抗议。经过20天暴风骤雨式的"高清风暴"，创维再一次席卷了50%的高清市场。

创维牢牢抓住了每次技术升级的时机，全力投入每年最热的高成长期产品。该出手时就出手，看中一个浪头，就集中资源全力切入。浪头来了又去，借着一次次的积累，创维建立了在高端市场上的优势，成功进入了国产彩电的第一集团军。

（四）整体多元化经营战略

整体多元化经营战略，也称混合式多元化经营战略，是指企业向与原产品、技术、市场无关的经营范围扩展。

由广州白云山制药厂为核心发展起来的白云山集团公司，在生产原药品的同时，实行多种类型组合的多元化经营。

该公司下设医药供销公司和化学原料分厂，实行前向、后向多元化经营；

下设中药分厂，实行水平多角化经营；下设兽药厂，实行同心多元化经营；还设有汽车修配服务中心、建筑装修工程公司、文化体育发展公司、彩印厂、酒家等实行整体跨行业多元经营。

三、联合经营战略，运用四种形式整合资源

联合经营战略，是指两个或两个以上独立的经营实体进行横向联合，成立一个经营实体或企业集团。实施该战略，不仅有利于实现企业资源的有效组合与合理调配，增加经营资本规模；还可以实现优势互补，增强集合竞争力，加快拓展速度，促进规模化经济的发展。

在我国，联合经营主要采用的是兼并、合并、控股、参股等形式，通过横向联合组建成企业联盟体。其联合经营战略主要可以分为：一体化战略、企业集团战略、企业合并战略、企业兼并战略四种类型。

（一）一体化战略

所谓一体化，指的是由若干关联单位组合在一起形成一个经营联合体，通过一体化，可以密切联系关联企业，实现资源共享，降低综合成本。主要包括：纵向一体化、横向一体化和混合一体化。

1. 纵向一体化

纵向一体化也被叫作垂直一体化，指的是企业之间在生产或经营过程中相互衔接、紧密联系。按照物质流动的方向又可以划分为：前向一体化和后

向一体化，具体区别如表4-1所示。

表4-1 前向一体化与后向一体化的定义和基本准则

类别	定义	基本准则
前向一体化	企业获得对分销商的所有权或控制力	○企业当前的分销商要价太高，或者不太可靠，或者不能及时满足企业分销产品的要求 ○企业可以利用的合格分销商非常有限，进行前向一体化的企业能够获得竞争优势 ○企业当前参与竞争的产业增长迅速，或者可以预期获得快速增长 ○企业拥有开展新的独自销售自身产品所需要的资金和人力资源 ○通过前向一体化，企业可以更好地预测到产品的未来需求，减少产品生产的波动 ○企业当前的分销商或零售商获利丰厚，通过前向一体化可以在销售自身产品的过程中获得丰厚利润，给出具有竞争力的价格
后向一体化	企业获得对供应商的所有权或控制力	△企业当前的供应商要价太高，或者不可靠，或者不能满足企业对零件、部件、组装件或原材料等的需求 △供应商数量少而企业的竞争者数量却很多 △企业参与竞争产业正在高速增长，如果产业处于衰退中，一体化战略会削弱企业的多元化能力 △企业拥有开展独自从事生产自身需要的原材料，这一新业务所需要的资金和人力资源 △获得保持价格稳定的优势，企业可以通过后向一体化稳定原材料的成本，稳定产品价格 △企业当前的供应商利润空间很大 △企业需要尽快获取所需资源

2. 横向一体化

横向一体化，也称为水平一体化，是指与处于相同行业、生产同类产品或工艺相近的企业实现联合，实质是资本在同一产业和部门内的集中，可以扩大规模、降低产品成本、巩固市场地位。

有效的水平一体化应当遵循以下五项基本准则：

（1）企业可以在特定的地区或领域获得垄断，同时又不会被指控为对于削弱竞争有"实质性的影响"。

（2）企业在一个呈增长态势的产业中竞争。

（3）可以借助规模经济效应的提高，为企业带来较大的竞争优势。

（4）企业拥有成功管理业务规模得到扩大所需的资金和人力资源。

（5）竞争者因缺乏管理人才，或者因为需要获得其他企业拥有的某些特殊资源而陷入经营困境之中。

3. 混合一体化

混合一体化，是指处于不同产业部门、不同市场且相互之间没有特别的生产技术联系的企业之间的联合。概括起来，主要包括三种形态：

（1）产品扩张型：与生产和经营相关产品的企业联合。

（2）市场扩张型：企业为了扩大竞争地盘而与其他地区生产同类产品的企业进行联合。

（3）毫无关联型：生产和经营彼此之间毫无联系的产品或服务的若干企业之间的联合。

（二）集团化战略

所谓集团化战略，指的是若干个具有独立法人地位的企业以多种形式组成经济联合组织。组织结构层次分为：集团核心企业、紧密层、半紧密层、松散层，如图 4－1 所示。紧密层、半紧密层同集团公司的关系以资本为纽带，而松散层同集团公司的关系则是以契约为纽带。

集团公司同紧密层组合，可以构成企业集团。集团公司与企业集团的区别在于：集团公司是法人，企业集团是法人联合体，不具有法人资格；集团

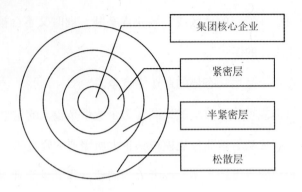

图 4-1　组织结构层次

公司内部各成分属紧密联合，企业集团各成分属多层次联合。

概括起来，集团化战略具有这样一些优点：

（1）母子公司之间是以资产为纽带实行资本运作的，母公司可以不从事任何产业经营，通过投资或控股来控制子公司，以资本运作的方式将企业做大做强。

（2）各子公司实行独立经营、独立核算、独立发展，彼此之间关联性较小，企业能有效避免因某方面的失利而产生的"全盘皆输"局面，具有较好的成长性和稳定性。

（三）合并战略

企业合并，是指将两个或者两个以上单独的企业合并形成一个报告主体的交易或事项。通过合并，合并前的多家企业的财产会变成一家企业的财产，多个法人会变成一个法人。采取这种战略，能优化资源结构，实现优势互补，扩大经营规模，但同时也容易吸纳不良资产，增加合并风险。

1. 分类

（1）根据我国企业合并准则标准划分。根据这一标准，可以分为这样几种类型：①同一控制下企业合并，指的是参与合并的各方在合并前后都受同一方或者相同的多方最终控制，该控制并非暂时性的。②非同一控制下企业合并，指的是参与合并的各方在合并前后不受同一方或相同的多方最终控制。

（2）根据国际准则合并前企业的市场关系划分。根据这一标准，可以分为三种，如表4-2所示：

表4-2　根据国际准则合并前企业的市场关系分类

种类	说　明
水平合并	也称横向合并。合并企业的双方或多方原来属于同一个行业，生产同类产品
垂直合并	也称纵向合并。合并企业的双方或多方之间有原料生产、供应和加工及销售的关系，分处于生产和流通过程的不同阶段
混合合并	同时发生水平合并和垂直合并，或者合并双方或多方是属于没有关联关系产业的企业

（3）根据国际准则分类。根据这一原则，可以分为三种：

1）吸收合并，是指两家或两家以上的企业合并成一家企业，其中一家企业将另一家企业或多家企业吸收进自己的企业，并以自己的名义继续经营；被吸收的企业在合并后丧失法人地位，解散消失。

2）创立合并，是指几家企业协议合并组成一家新的企业。经过这种形式的合并，原来的各家企业都会不复存在，而由新企业经营。

3）控股合并，是指一家企业购进或取得了另一家企业有投票表决权的股份或出资证明书，且已达到控制后者经营和财务方针的持股比例的企业合并形式。

（4）根据国际准则合并的动机。根据这一原则，可以分为两种：善意合并和恶意合并。

其中，善意合并是指被合并公司同意合并公司提出的合并条件并承诺给予协助，故双方高层通过协商来决定合并的具体安排，比如，合并方式（以现金、股票、债券或其混合等）、合并价位、人事安排、资产处置等。由于合并当事双方均有合并意图，对彼此之间情况较为熟悉，因此此类合并成功率较高。

而恶意合并则是指合并企业在被合并企业管理层对其合并意图尚不知晓或持反对态度的情况下，对被合并企业强行进行合并的行为。

2. 程序

第一步，合并协议的缔结。

合并协议是公司合并的基础，是参加合并的各方在平等协商的基础上，就合并的有关事宜达成的书面协议。合并协议缔结后，并不会即刻发生效力，必须经过股东会议通过。股份有限公司还须经有关主管部门的批准后，始生效力。

第二步，编制资产负债表及财产清单。

资产负债表是企业合并中必须编制的报表。企业还要编制财产清单，为了清晰反映公司的财产状况，应翔实准确，账实相符。

第三步，履行债权人保护程序。

在法定的期限内，债权人有权对企业的合并提出异议。企业对在法定期限内提出异议的债权人必须清偿债务或提供担保。逾期未提出异议的，则视为对企业合并的默认。

第四步，办理合并登记。

依照合并中不同公司的生灭变化，可以分为三种情况办理工商登记，如表4-3所示。

表4-3 按照合并中不同公司的生灭变化办理工商登记的情况

情况	说　明
设立登记	企业设立登记是企业从事经营活动的前提，非经设立登记，并领取营业执照，不得从事商业活动
变更登记	存续企业合并行为的完成，使其股东、公司章程、资本结构均发生了重大变化，需办理变更登记
注销登记	无论新设合并、吸收合并都必须导致其中一方或多方当事公司主体资格的消灭，必须向工商行政管理机关办理注销登记

（四）兼并战略

所谓兼并，指的是企业通过现金购买或股票调换等方式获得另一个企业全部资产或控制权。其特点是：被兼并企业放弃法人资格并转让产权，但保留原企业名称成为存续企业；兼并企业获得产权，并承担被兼并企业债权、债务的责任和义务。通过兼并，可以整合社会资源，扩大生产规模，快速提高企业产量，但也容易分散企业资源，导致管理失控。

主要有这样几种形式：

1. 购买兼并

兼并方通过对被兼并方所有债权债务的清理和清产核资，协商作价，支付产权转让费，取得被兼并方的产权。

2. 接收兼并

以兼并方承担被兼并方的所有债权、债务、人员安排以及退休人员的工资等为代价，全面接收被兼并企业，取得对被兼并方资产的产权。

3. 控股兼并

两个或两个以上的企业在共同的生产经营过程中，某一企业以其在股份比例上的优势，吸收其他企业的股份份额形成事实上的控制关系，达到兼并。

4. 行政合并

通过国家行政干预将经营不善、亏损严重的企业，划归为本系统内或行政地域管辖内最有经营优势的企业。不过，这种兼并形式不具备严格法律意义上的企业兼并。

5. 其他

除此之外，企业兼并还可以分为其他三种形式：横向兼并、纵向兼并和综合兼并。

（1）横向兼并：同一环节上的相关企业的兼并。不仅可以消除或减少竞争，还可以增加兼并企业的市场份额。

（2）纵向兼并：同一生产过程中的相关环节的企业兼并。不仅可以保证供应和销路，还能够有效控制产品质量。

（3）综合兼并：指跨行业、跨产品的综合性的企业兼并，又称为一体化兼并，可以实现经营的多样化。

四、稳健发展战略，做到有效控制经营风险

企业风险，是指对企业目标的实现可能造成负面影响的事项发生的可能

性。企业在制定和实现自己目标的过程中，会碰到各种各样的风险，所以需要进行风险管理。每个企业都是在风险中经营的，小企业也不例外。

风险造成的经济损失是极大的，但相对而言，风险对小企业来说远远超过大企业。小企业虽然"船小好掉头"，但它由于"本小根基浅"，故只能"顺水"，不能"逆水"，不能左右风险的发生。

（一）可能遇到的风险

从实际情况来看，小企业消化吸收亏损的能力十分有限。所以，更应了解在经营中可能遇到的风险，以求未雨绸缪，防患于未然。

1. 创业风险

这类风险主要在企业创业的初始时期容易发生。它的主要特征有三个：

（1）在企业的所有经营风险之中最早到来。

（2）有相当的隐蔽性，业主不易觉察或无暇顾及。

（3）小企业其他经营风险的根源。

这类风险尤其值得创业者防范。

2. 现金风险

现金是企业的血液，从日常经营活动看，只有提供足够的现金，企业才能正常运转。现金风险主要表现在：

（1）业主只对企业的主要财务指标如资产负债率、净资产收益率等感兴趣，而忽视了指标掩盖下的问题。

（2）过分注意利润和销售的增长，而忽视手中掌握的现金。

（3）固定资产投资过多，使企业的变现能力降低，导致资金沉淀。

（4）企业规模盲目扩张，缺乏相应的短、中、长期计划。

3. 授权风险

许多成功的小企业，在达到一定的规模后，需要将部分管理工作授权其他人承担而由自己抓主要工作。授权风险的主要表现有：人员选择的不确定性；不能授权别人分担沉重的责任和繁杂的决策事务；存在心理障碍，授权者认为"只有我才能干好"，缺乏选拔和指导别人的能力；对下级缺乏信任感；业务发展，责任增加，但业主或经理用于经营管理企业的时间并没有增加。

4. 领导风险

当小企业发展到有职工 150～250 人的水平时，就会面临企业的领导风险。领导风险的主要表现有：

（1）仅业主或几个合伙人无法承担逐渐变大的企业管理责任。

（2）不愿授权别人分工负责并建立一个管理班子。

（3）不采用有效的领导和管理方式，一切靠自己的老办法。

（4）对具有领导才能的专门管理人才不能坚定不移地起用。

5. 筹资风险

当企业经营达到一定阶段，原业主已无力继续提供所需资金，他们便会从各种渠道筹措资金，例如，发起人增股；向公众招股或寻求无担保贷款；请金融机构认股或给予定期贷款；从租赁公司租赁设备等。问题在于每种获得资金的途径都是各有利弊，如果经营者不善于扬长避短，为我所用，便会陷入困境。

6. 成就风险

有些小企业在度过了一段好时光后开始自满，过分自信，急于求成，被胜利冲昏了头脑，骄傲自满，结果还是被成就风险所压垮。

成就风险的主要表现：满足于眼前成就，开始注重个人享受，对市场占有率和利润的下降不以为然；不注意新的竞争形势、技术变革、原材料替代、新产品和消费者爱好的变化。

7. 持续经营风险

当创办人或业主死亡、长期生病或丧失工作能力时，持续经营风险就会降临。持续经营风险主要表现在：在风险降临时没有准备好由谁来接替管理责任；二把手在企业里没有占有必要的股份；没有授权，缺少规划，过分自信；遗产税产生的债务。

（二）企业经营风险管理的目标和原则

1. 目标

企业经营风险管理的目标是企业通过风险管理要达到的目的和指标，美国学者梅尔和赫奇斯把风险管理的目标分为：损前目标和损后目标。如表4-4所示。

表4-4 企业经营风险管理的目标及内容

目标	内 容
损前目标	①以最经济的方法预防潜在损失，或以较少的风险成本投入，获得最大的安全保护及利益 ②减轻企业和员工对潜在损失或风险威胁的忧虑心理，使企业管理人员能放手经营各项新业务 ③满足政府有关法规的要求，承担企业应负的社会责任
损后目标	①维持企业生存。损失发生后能尽快部分和全部地恢复生产或经营，有能力恢复营业 ②使企业的收入稳定。不仅使企业继续生存，还能保持企业经营的连续性，实现收入稳定、复原并促成企业的成长 ③承担社会责任。企业受损失后，要尽可能减轻对他人和整个社会的不利影响

企业经营风险管理总的目标，是使企业在损前尽可能获得最大安全保障及利益，损后能尽快取得令人满意的复原。它是企业经营风险管理的出发点和归宿，为风险管理指明方向。正确的目标有利于统一意志、统一行动，调动员工的积极性，提高企业素质，搞好风险管理。

2. 原则

做任何事都要有个大的规范或基本原则，因此在总体上使自己的言行不会出大的偏差或问题。企业经营风险管理也有自己的基本原则：

（1）客观分析风险。企业经营风险具有客观性，在分析风险障碍时要尽量客观、全面。对风险事件、风险损益不能一厢情愿，过于乐观：绝不能在信息不适当、缺乏统计分析、对风险茫然无知的情况下，对获利做过高估计，而对损失做过小评价。

（2）谨慎对待风险。对待风险需要谨慎从事。认真考虑潜在损害发生的机会、规模，研究得失关系。要去承担不能承担的风险，也不要为了小利去冒大风险。要认真考虑实施处理风险的管理手段后，是否会带来更大风险，特别是在今后长时期内给企业带来难以避免的风险，造成更大的损失。

（3）风险成本合理。经营风险管理的根本要求是以最小的风险成本投入获得最大的安全保障。企业在风险管理中需认真考虑解决风险投入成本的合理性，企业要能够承受得住。

以上三条可以说是中小企业经营风险管理的客观原则、谨慎原则、效益原则。

（三）企业经营风险管理的过程

做事情一般要先拟订计划，按计划分派任务，在实施计划时进行指导、控制。这一过程也适用于企业经营风险管理。

1. 企业经营风险管理的计划

经营风险管理的计划是对未来风险处理行为的规定。计划工作包括风险的调查和预测、认定，风险处理方法的选择，风险处理预算的编制，风险处理实施方案的编制等。

风险处理计划管理，是企业经营风险管理的首要职能，以对整个企业的风险管理起规划、指导、调控、平衡等作用，并构成企业经营计划的一个重要组成部分。

企业风险处理要计算必要的费用，使之预算化。风险处理预算主要按风险处理方法来做。

风险管理方针说明书，是企业处理风险过程中人们行为的准则。其内容主要有各部门风险管理的职责、权限、各部门的协调等。

风险管理手册，是实施计划、方针的具体指南，主要内容有风险管理的意义、风险管理的范围、风险的分类、风险处理方针、风险处理手段的运用等。

2. 企业经营风险管理的组织

企业经营风险管理的组织是指风险管理机构的建立、人员的配备、职位的安排、权力的授予、职务分工制度的建立和实行、任务的分解、资源的分配等系列管理的展开。因此，风险管理的组织是落实风险处理计划的重要保证。

3. 企业经营风险管理的协调

企业经营风险管理的协调是使企业各部门、各环节及与外部的关系在风险管理过程中和谐、同步的管理活动，以利于达到风险管理的目标。协调既包括企业与外部政府机关、社会团体、企业单位、消费者等关系的改善，又包括管理好企业内部各部门之间、管理人员与工人之间的关系，还包括风险管理计划、方法的调整等。

企业协调好上下左右的各种关系，交流信息，沟通意见，及时解决企业内外出现的矛盾，使企业管理风险的各项活动能一致、同步，是搞好风险管理的重要条件。

4. 企业经营风险管理的管制

企业经营风险管理的管制是根据风险管理的目标、计划、方针以及制定的具体标准，对其风险管理的实际情况进行监督、检查、分析、评价、纠正，使之符合风险管理目标要求的管理活动。

管制是对企业经营风险的调查、预测、认定其是否妥当，采用的风险管理手段配合是否适当、有效，风险管理费用的使用是否合理等进行监督、检查。发现问题，及时查明原因，采取矫正措施，并对风险管理的有关部门和人员进行激励（奖励和惩处），以保证风险管理目标的完成。

五、成本领先战略，提高收益的举措

成本领先战略，也称低成本战略。当成本领先的企业的价格相当于或低于其竞争厂商时，它的低成本地位就会转化为高收益。尽管一个成本领先的企业是依赖其成本上的领先地位来取得竞争优势的，而它要成为经济效益高于平均水平的超群者，则必须与其竞争厂商相比，在产品别具一格的基础上取得价值相等或价值近似的有利地位。成本领先战略的成功取决于企业日复一日地实际实施该战略的技能。

（一）常见错误

企业在估价和按照成本地位采取行动时会犯的一些最常见的错误包括：

1. 忽视采购

许多企业在降低劳动力成本上斤斤计较，而对外购投入却几乎全然不顾。它们往往把采购看成是一种次要的辅助职能，在管理方面几乎不予重视；采购部门的分析也往往过于集中在关键原材料的价格上。

企业常常让那些对降低成本既无专门知识又无积极性的人去采购许多东西；外购投入和其他价值活动的成本之间的联系又不为人们所认识。对于许多企业来说采购方法稍加改变便会产生成本上的重大效益。

2. 忽视间接的或规模小的活动

降低成本的规划通常集中在规模大的成本活动和（或）直接的活动上，如元器件制作和装配等，占总成本较小部分的活动难以得到足够的审查。间接活动如维修和常规性费用常常不被人们重视。

3. 对成本驱动因素的错误认识

企业常常错误地判断它们的成本驱动因素。例如，全国市场占有率最大的又是成本最低的企业，可能会错误地以为是全国市场占有率推动了成本。然而，成本领先地位实际上可能来自企业所经营地区的较大的地区市场占有率。

企业不能理解其成本优势来源，可能使它试图以提高全国市场占有率来降低成本，可能因削弱了地区上的一点而破坏自己的成本地位；也可能将其防御战略集中在全国性的竞争厂商上，而忽视了由强大的地区竞争厂商所造成的更大的威胁。

4. 无法利用联系

企业很少能认识到影响成本的所有联系，尤其是和供应厂商的联系以及各种活动之间的联系，如质量保证、检查和服务等。利用联系的能力是许多日本企业成功的基础。松下电器公司和佳能公司认识和利用了联系，即使它们的政策与传统的生产和采购方法相矛盾。

无法认识联系也会导致犯以下一类的错误，比如，要求每个部门都以同样的比例降低成本，而不顾有些部门提高成本可能会降低总的成本的客观事实。

5. 成本降低中的相互矛盾

有些企业常常企图以相互矛盾的种种方式来降低成本，试图增加市场占有率，从规模经济中获益，而又通过型号多样化来抵消规模经济。他们将工厂设在靠近客户的地方以节省运输费用，但在新产品开发中又强调减轻重量。成本驱动因素有时是背道而驰的，企业必须认真对待它们之间的权衡取舍问题。

6. 无意之中的交叉补贴

当企业在不能认识到成本表现各有不同的部分市场的存在时，就常常不知不觉地卷入交叉补贴之中。传统的会计制度很少计量上述产品、客户、销售渠道或地理区域之间所有的成本差异。因此，企业可能对一大类产品中的某些产品或对某些客户定价过高，而对其他的产品或客户却给予了价格补贴。

无意之中的交叉补贴又常常使那些懂得成本、利用成本来削价抢生意以改善自身市场地位的竞争厂商有机可乘。交叉补贴也把企业暴露在那些仅仅在定价过高的部分市场上集中一点的竞争厂商面前。

7. 损害别具一格的形象

企业在降低成本中如果抹杀了它对客户的别具一格的特征，就可能损害其与众不同的形象。虽然这样做可能在战略上是合乎需要的，但这应该是一个有意识选择的结果。降低成本的努力应主要侧重在对企业别具一格没有什么好处的活动方面。

此外，成本领先的企业只要在任何不花大钱就能创造别具一格的形象的活动方面下功夫去做，也会提高效益。

（二）目标层次

成本领先战略在不同的企业和同一企业的不同发展阶段，所追求和所能达到的目标是不同的，其目标是多层次的。企业应当根据自身的具体情况，整体筹划，循序渐进，最终实现最高目标。

1. 成本领先战略的最低要求——降低成本

以最低的成本实现特定的经济目标是每个企业都应当追求的，当影响利润变化的其他因素不变时，降低成本始终是第一位的。成本又是经济活动的制约因素，降低成本意味着对企业中每一个人都有成本约束，而摆脱或减轻约束是人的本性所在。

实施成本控制、加强成本管理，在企业中是一个永恒的话题。在既定的经济规模、技术条件和质量标准条件下，不断地挖掘内部潜力，通过降低消耗、提高劳动生产率、合理的组织管理等措施降低成本，是成本领先战略的基本前提和最低要求。

2. 成本领先战略的高级形式——改变成本发生的基础条件

成本发生的基础条件是企业可利用的经济资源的性质及其相互之间的联系方式，包括劳动资料的技术性能、劳动对象的质量标准、劳动者的素质和技能、企业的管理制度和企业文化、企业外部协作关系等方面。

在特定的条件下，生产单位产品的劳动消耗和物料消耗有一个最低标准，当实际消耗等于或接近这个标准时，再要降低成本只有改变成本发生的基础条件，可通过采用新设备、新工艺、新设计、新材料等使影响成本的结构性因素得到改善，为成本的进一步降低提供新的平台，使原来难以降低的成本在新的平台上进一步降低，这是降低成本的高级形式。

3. 成本领先战略的最低目标——增加企业利润

在其他条件不变时，降低成本可以增加利润，这是降低成本的直接目的。在经济资源相对短缺时，降低单位产品消耗，以相同的资源可以生产更多的产品，可以实现更多的经济目标，从而使企业获得更多的利润。

可是，成本的变动往往与各方面的因素相关联，如果成本降低导致质量下降、价格降低、销量减少，则反而会减少企业的利润。因此，成本管理不能仅着眼于成本本身，要利用成本、质量、价格、销量等因素之间的相互关系，以合适的成本来维系质量、维持或提高价格、扩大市场份额等，使企业能够最大限度地获得利润。

4. 成本领先战略的最终目标——使企业保持竞争优势

企业要在市场竞争中保持竞争优势，在采取诸多的战略措施和战略组合中，成本领先战略是其中的重要组成部分，同时其余各项战略措施通常都需要成本管理予以配合。

战略的选择与实施是企业的根本利益之所在，降低成本必须以不损害企业基本战略的选择和实施为前提，并要有利于企业管理措施的实施。

　　成本管理要围绕企业为取得和保持竞争优势所选择的战略而进行，要适应企业实施各种战略对成本及成本管理的需要，在企业战略许可的范围内，在实施企业战略的过程中引导企业走向成本最低化，这是成本领先战略的最终目标，也是成本领先战略的最高境界。

第五章 战略特征，企业独具特色的发展意图

做企业所必须面临的两个问题：一是企业选择什么样的员工？二是怎样使用员工？这是每一个想获取成功的企业所必须考虑的问题。

——李嘉诚

一、指导经营，企业经营管理活动中的导向作用

战略管理是以组织的总体发展为目标来进行的，它指导组织的总体行动，追求组织的总体效果。在对组织内外部环境的分析基础上制定战略，在协调组织各种局部活动中实施战略。如果一个企业根本就没有自己的发展战略设计，那么这个组织就没有灵魂，就不可能聚合与铸就一支能征善战之师，就不可能有前途。

一个缺乏整体规划的公司、工厂甚至商店，最终会在市场竞争的风浪中失去方向，从而被残酷无情的市场抛弃。战略对于企业的重要性，是显而易

见的。

确定使命是企业战略管理的起点。比如：

美国强生公司："我们坚信，我们对医生、护士、患者以及母亲和其他所有使用和享受我们的产品与服务的人承担首要责任。"

蓝色巨人 IBM："IBM 就是最佳服务。"

杜邦公司："以优良的化学产品提高生活质量。"

这些描述就非常明确，也很吸引人。世界 500 强，之所以能成功，就在于一个坚定不移的核心战略。

战略是企业生存、发展的大方向。没有正确的战略作指导，企业的发展必然是盲目的、无序的，生命力便不长久。

企业战略对于企业而言，就是一个企业的灵魂。不能确定自己正确的使命，这样的企业注定走不远。为什么很多小企业发展不起来，很快夭折？没有战略是其内伤。如果当下的中小企业老板能够好好学习一下有关企业战略的理论，然后把这些观点和自己的企业有机结合、借势和融入，企业的成长空间一定很大；反之，也只能是毒药，三年倒或七年倒，走不出历史的宿命。

二、谋划全局，全面规划企业的愿景发展轨迹

战略管理着眼于组织的长期健康稳定发展，管理者就要对未来生存环境和自身状况有足够的预见性。

（一）著名企业愿景

企业愿景体现了企业家的立场和信仰，是企业最高管理者头脑中的一种概念，是这些最高管理者对企业未来的设想，是对"我们代表什么"、"我们希望成为怎样的企业"的持久性回答和承诺。下面是一些知名企业的愿景：

联想集团的愿景是：未来的联想应该是高科技的联想、服务的联想、国际化的联想

联想电脑公司使命：为客户利益而努力创新

麦当劳公司愿景：控制全球食品服务业

柯达公司愿景：只要是图片都是我们的业务

索尼公司愿景：为包括我们的股东、顾客、员工，乃至商业伙伴在内的所有人提供创造和实现他们美好梦想的机会

索尼公司使命：体验发展技术造福大众的快乐

通用电气（GE）愿景：使世界更光明

微软公司愿景：计算机进入家庭，放在每一张桌子上，使用微软的软件

福特公司愿景：汽车要进入家庭

中国移动通信使命：创无限通信世界，做信息社会栋梁

迪士尼公司愿景：成为全球的超级娱乐公司

波音公司愿景：在民用飞机领域中成为举足轻重的角色，把世界带入喷气式时代（1950 年）

苹果电脑公司愿景：让每人拥有一台计算机

华为公司愿景：丰富人们的沟通和生活

所谓愿景，是由组织内部的成员所制定，借由团队讨论，获得组织一致

的共识，形成大家愿意全力以赴的未来方向。所谓愿景管理，就是结合个人价值观与组织目的，透过开发愿景、瞄准愿景、落实愿景的三部曲，建立团队，迈向组织成功，促使组织力量极大化发挥。

愿景形成后，组织负责人应对内部成员做简明、扼要且明确的陈述，以激发内部士气，并应为落实组织的目标和行动方案，去具体推动。

（二）企业愿景的设定

企业愿景是企业未来的目标、存在的意义，也是企业的根本所在。它回答的是企业为什么要存在，对社会有何贡献，它未来的发展是个什么样子等根本性的问题。

企业愿景的设定包括以下两个方面：

1. 确认企业目的

企业目的就是企业存在的理由，即企业为什么要存在。一般来说，有什么样的企业目的，就有什么样的企业理念。正确的企业目的会产生良好的理念识别，并引导企业的成功；错误的企业目的会产生不良的理念识别，并最终导致企业的失败。

2. 明确企业使命

企业使命和企业宗旨是同义语，是在企业经营理念的指导下，企业为其生产经营活动的方向、性质、责任所下的定义，它是企业经营哲学的具体化，集中反映了企业的任务和目标，表达了企业的社会态度和行为准则。

现代企业的最高使命是其应该具有的社会责任感，要求企业不仅考虑到自身的利益，而且能够承担起自己的社会责任。

企业的社会责任包括：

（1）企业的社会使命：即企业成员对社会做出贡献及协调各种利益集团之间关系的使命。

（2）企业的社会服务：即企业应当为社会提供的满足各种需要的服务。

（3）企业的社会产品：即企业提供的各种产品，既要为企业自身带来利益，也要对社会具有价值。

（4）企业的社会利益：即企业必须把维护和实现社会整体利益作为评价其经营活动成果的有效依据和指标。

（5）企业的行为定位：即企业在使用各种自然资源和社会资源时，应当优先考虑由于这种使用而可能给社会带来的影响和后果。

概括起来说，企业的社会责任，是企业对各种不同的社会利益集团和群体所承担的道义上的责任。

一般而言，企业愿景大都具有前瞻性的计划或开创性的目标，作为企业发展的指引方针。在西方的管理论著中，许多杰出的企业大多都具有一个特点，就是强调企业愿景的重要性，因为唯有借助愿景，才能有效地培育与鼓舞组织内部所有人，激发个人潜能，激励员工竭尽所能，增加组织生产力，达到顾客满意度的目标。

（三）将企业愿景与社会责任相结合

企业的愿景不只专属于企业负责人所有，企业内部每位成员都应参与构思制定愿景与沟通共识，通过制定愿景的过程，可使愿景更有价值，企业更有竞争力。如何将企业愿景与社会责任相结合呢？我们来看一些例子：

蒙牛乳业倡导："市民健康一杯奶，农民致富一家人。"

蒙牛牛根生常讲，蒙牛的衣食父母是"三民"，市民、农民、股民，市民饮奶，农民供奶，股民投资奶。而其中的农民，是蒙牛"三民情结"中最敏感的一环。蒙牛以化解"三农"问题为己任，不懈打造"奶源圈"。

蒙牛成立以来，带动了周边奶农新增奶牛 80 万头，成为农民致富的带头人。这种企业愿景使命的确立，对蒙牛创造 5 年增长 200 倍的奇迹，起了关键的作用。

蒙牛给自己的使命是："百年蒙牛，强乳兴农"、"愿每一个中国人身心健康"。今天，蒙牛已与产品市场的亿万公民、资本市场的千万股民、原料市场的两百万奶农，以及数十万生产销售大军，结成了命运共同体，被誉为"西部大开发以来中国最大的造饭碗企业"。

一个企业，当把企业愿景与社会责任结合到一起的时候，要让企业的社会责任感及善行让大众知道。

要达成这个目标，企业必须遵从几个品牌策略的基本原则：

1. 确立焦点

比如，蒙牛把自己的焦点主要放在乳业兴农方面，海尔把焦点放在创中国的世界名牌方面。焦点不仅能带来高曝光率，也能带来影响力。

2. 持久一贯

长期维持焦点能为企业带来惊人的累积效果。拿蒙牛来说，所带来的效果，远远超过偶尔为之的善行。

3. 将主张和品牌结合

一个结合品牌和主张的方式，就是选择一个和本业相关的议题领域。例如，海尔的创造中国的世界名牌，就是个典型的例子。

4. 取个响亮的名字

在宣扬主张时取个响亮的名字，往往能取得极佳的效果。麦当劳为疾病儿童建立了一个温暖的治疗之家，就取名为"麦当劳之家"。响亮的名称能让主张更清楚，让影响更具威力。

三、立足长远，谋划实现愿景目标的措施及其对策

制定出企业愿景之后，就要想办法来实现，因此从长远角度来说，谋划实现愿景的措施是非常必要的！

（一）制定目标

1. 制定依据

根据企业的经营战略目标，制定公司年度整体经营管理目标。

2. 目标分类

根据不同的标准，有不同的分类。结合企业实际，需要制定三类目标，如表 5 – 1 所示。

表 5 – 1　根据不同标准企业需要制定的目标分类

分类标准	分　　类
按照作用不同	可以分为：经营目标和管理目标 经营目标包含：销售额、费用额、利润率等指标 管理目标包含：客户保有率、新产品开发计划完成率、产品合格率、料体报废控制率、安全事故控制次数等
按照管理层级	可以分为：公司目标、部门目标和个人目标

分类标准	分　类
按评价方法的客观性与否	可以分为：定量目标和定性目标 定量目标包含：销售额、产量等 定性目标包含：制度建设、团队建设和工作态度等

这些目标往往是互相交叉的，如公司年销售额是经营目标、公司目标、定量目标，也是客观目标、关注结果的目标；人力资源制度完善是管理目标、部门目标、定性目标，也是主观指标、关注过程的指标。

3. 制定方法

制定目标的时候，要遵循 SMART 原则。

"S"，Specific（明确性）。尽可能量化为具体数据。

"M"，Measurable（可衡量性）。要把目标转化为指标。

"A"，Attainable（可达成性）。要根据企业的资源、人员技能和管理流程配备程度来设计目标，保证目标是可以达成的。

"R"，Relevant（相关性）。各项目标之间有关联，相互支持，符合实际。

"T"，Time - bound（时限性）。各项目标要制定出明确的完成时间或日期，便于监控评价。

4. 沟通一致

制定目标既可以采取由上到下的方式，也可以采取由下到上的方式，还可以两种方式相结合。并且要全面沟通，认可一致。管理者要向全体员工宣讲公司的战略目标，向部门经理或关键员工详细讲解重要的经营目标和管理目标，部门之间相互了解、理解、认可关联性的目标，上司和下属要当面沟通、确认下属员工的个人目标。

（二）分解目标

公司整体目标分解成部门目标，部门目标分解为个人目标，并量化为经济指标和管理指标。

根据公司的现状，首先可以在营销部门、生产部门、采购部门实施全员目标管理，后勤支持部门先推行部门级目标管理，如把公司销售额目标分解成销售大区、省、市、县的销售额目标成本。

公司成本下降目标分解到采购成本下降指标、生产成本下降指标、货运成本下降指标或行政办公费用下降指标等；采购成本下降再分解成原料成本下降指标、包材成本下降指标、促销助材成本下降指标等。

这样，就可以建立一张企业目标网络，形成目标体系图，通过目标体系图把各部门的目标信息显示出来，就像看地图一样，任何人一看目标网络图就知道工作目标是什么，遇到问题时需要哪个部门来支持。

（三）实施及检查目标

要经常检查和监控目标在实施过程的执行情况和完成情况。如果出现偏差，及时从资源配置、团队能力和管理系统等方面分析原因，及时补充或强化，在确有必要前提下才调整目标。

（四）信息反馈处理

目标实施控制过程中，会出现一些不可预测的问题。在考核时，要根据实际情况对目标进行调整和反馈。

按照制定的指标、标准对各项目标进行考核，依据目标完成的结果和质量与部门、个人的奖惩挂钩，甚至与个人升迁挂钩。

总之，目标管理是一项系统管理工作，只有精于设计、重在推行及全面统筹，才可以促使我们企业经营发展得更快更好。

四、参与竞争，以特色经营增强企业的对抗性和战斗力

战略管理是直接与竞争对手和各种竞争压力相联系的。战略管理的起点就是考虑如何对付外部的竞争和压力。只有战胜对手，克服竞争压力，组织才可能获得生存和发展。在日益复杂的经济环境中，企业如何突破发展"瓶颈"，找到一条属于自己的发展道路显得尤为重要。

四川希望集团总裁刘永好有个理论叫"相对优势论"，其实质就是制造特点，利用差别。他说：大家都不讲信用，你讲信用，这就是优势；别人想不到的，你想到了，这就是优势；别人干不了，你能干，这就是优势。

企业可以根据所处特殊环境走差异化、特色化经营战略之道，根据所处特殊环境实施差异化和特色化的思路和途径有如下几种情况：

（一）实施"配套经营"的战略

目前，许多企业在搞"小而全"，盲目追求独立经营，不愿意做配角；企业普遍缺乏信用、履约率低、交易成本高，妨碍了大企业与中小企业之间的分工协作。中小企业实力较弱，往往无法经营多种产品以分散风险，但是

可以集中兵力，通过选择能使企业发挥自身优势的细分市场来进行专业化的经营。

采用这种战略对于企业有两方面的好处：

（1）企业可以通过扩大专业产品生产批量、降低生产成本、提高专业化程度和产品质量，提高规模经济效益，增加收益，在市场上站稳脚跟。

（2）随着需求多样化和专业程度的提高，大企业也普遍欢迎这些专业化程度高、产品质量好的中小企业为其提供配套产品，从而使中小企业逐渐走上以小补大、以小搞活、以专补缺、以精取胜、以精发展的良性发展道路。

企业采用这种经营战略，一方面使其经营目标集中，管理上也比较方便，有利于提高技术，争取有利地位；但是另一方面，采用这种战略也给中小企业带来不小的经营风险，因为它们往往过分依赖于某种产品或技术，一旦市场变化、需求下降就会给中小企业的生存带来威胁。因此，为了尽量减少经营风险，采用这种战略的中小企业必须选准目标市场；提高企业的产品开发能力，做好产品的更新改造工作。

（二）走"联合经营"的战略

单个中小企业一般都资金薄弱、生产技术水平较差，难以利用规模效益。因此，可以在平等互利的基础上，结成较为紧密的联系，取长补短，共同开发市场。

采用联合竞争战略的企业联合方式大致有两类：

第一类，松散型的联合。

例如，国内诸多的汽车企业就是和国外大企业走这条道路，企业之间仅局限于生产协作或专业化分工，在资金、技术、人员等方面基本没有往来。

采用这种联合方式的中小企业之间彼此约束力不强。

第二类，紧密型的联合。

企业之间除了生产协作或分工上的联系之外，还进行资金和销售方面的联合，如互相持股、按股付息、互相调剂余缺、建立统一的销售队伍等。这种企业一般适应有股东交叉相连且经营范围相差不大的企业。

企业究竟选择哪种联合方式，应该视具体情况而定，不能一概而论。一般来说，采用这种战略的中小企业所获得的利润水平较低、对大企业依赖性较强、比较被动，会给企业长远发展带来一些不利影响。

企业在实施这种战略的同时，还必须注意解决好以下两方面的问题：

第一，与大企业的联合经营条件。

中小企业在决定联合经营条件的过程中要尽量争取保持自己的地位，以一种对等的关系来确定联合经营条件。

第二，企业的长远发展问题。

联合经营企业在进行日常生产的同时，必须注意积累和增强自己的开发能力，争取提高产品质量，开发新产品，树立信誉，逐渐摆脱大企业的控制而独立地面对市场，使企业经营获得成功。

（三）钻"机会经营"的战略

"机会经营"战略就是根据中小企业机动灵活、适应性较强的特点而制定的一种适应中小企业的机会经营战略。企业应根据"人无我有、人有我无"的原则，充分发挥其独有技术和丰富的资源，通过寻找市场上的各种机会，凭借自己快速灵活的优势，紧紧抓住进入市场的机会，满足某些客户的独特要求。

机会经营的产品可能会有下面一些特征：

第一，产品寿命周期较短，只能在一段时间内加以生产。比如，泉州顺通所生产的收费系统产品其寿命就只有三年左右，因为有线电视网络要实现双向传输，收费系统就必须淘汰。

第二，加工工艺简单，生产周期短，所耗资金少。

第三，被主要竞争对手忽略。

第四，中小企业有充足能力向空隙市场提供这种产品。

为了确保"机会经营"战略的有效性，采用这种经营战略的中小企业在战略实施过程中要建立一套高效、灵敏、准确的信息系统；还要做好市场销售工作，尤其是要搞好企业的广告与推销工作。

这种战略一般适合那些比较弱小，或者刚刚兴办的中小企业，因为这种战略具有较大的过渡性和可塑性，对于它们积累资金逐渐扩大规模具有很大的作用。

（四）实现"异质经营"的战略

该战略是指中小企业以有独特优势的产品与同行的同质化产品与其他企业拉开一定的距离和档次的战略。如果一个产品能满足消费者特殊的要求，那么，在市场方面表现肯定会令同行为之赞赏。

中小企业因为其规模小，经营的范围窄，但是比较容易接近顾客还具有独特的技术和丰富的资源优势，可以通过这些优势促使企业的产品或服务具有与众不同的特点即"异质经营"的战略来吸引消费者。

这种经营特色一旦建立起来就具有很强的竞争力，因为它能够博得用户的信任，满足广大用户的特殊需要，所以就能比较长远地树立起优势地位而不被其他企业所替代。尤其是这些经营特色往往与企业大小没有直接关系，中小企业可以在市场上同大企业展开竞争，对于采用这种经营战略的中小企业来说，处理好异质与成本之间的关系是战略成功的关键。

正确处理异质与成本的关系要注意三点：企业要在激烈的市场竞争中长期保持自己的经营特色；不要使成本差距过大；时刻关注市场变化。

企业拥有所谓的"异质"应该是企业独一无二的，即其他企业所不具备的（至少暂时不具备），这是企业"异质经营"战略成功的关键因素。

（五）考虑"速度经营"的战略

"速度经营"的战略就是企业如何在瞬息万变、险象环生的恶劣、无序的市场经济环境中以敏锐的市场触角随机应变所采取的经营战术，其核心是"快速反应"。这里所说的"快速反应"指的是企业针对瞬息万变的市场或竞争对手的举措而采取的战略和战术上的快速调整，从而保证企业在市场竞争中的生存与发展。

"速度经营"的战略就是企业在面临不确定的市场因素时能迅速获得快速反应能力，快速调整企业经营战略，而企业如何获得良好的快速反应能力呢？必须要有创新的精神和勇于迎接变革的精神；否则，因循守旧、安于现状是很难做到快速反应的。

如何做到快速反应呢？关键在于其执行渠道，快速反应的执行渠道包括信息的反馈与决策的贯彻通路，要做到这两个方面的快速高效，就应该做好企业组织结构的扁平化建设，合理地减少中间层级，是提高执行渠道的不二法门。

（六）"科技经营"的战略

所谓的"科技经营"的战略就是企业凝练科技竞争力，但并不只是增加研发投入，而在于面向市场、以满足客户不断增长的需求为宗旨，选准目标，整合、集中各类资源，通过多种方式，引进新工艺、新技术、新设备，保持企业技术在一定时期领先，保持产品和服务的技术领先。

对于中小型高科技企业来说，随着企业的发展与壮大，往往会遇到被更大的集团公司收购或兼并的情况，在这种情况下，技术品牌的价值越高，企业将获得更大的收益。国内企业中以前的海尔就是采用这种方式取得了成功。换句话说就是优秀的技术品牌能为企业本身创造更大的可以量化的价值。

科技经营战略就是要使中小型企业如何获得长足稳定的发展，在技术规划与建设方面，必须建立起核心技术品牌，并在发展过程当中倍增技术品牌的含金量，确保在品牌传播的过程中，使技术品牌拥有一种至高无上的权力，从而取得科技经营战略的成功。

（七）"全球经营"战略

"全球经营"战略是指中小企业的经营策略和管理体系是建立在其共享和充分认同的组织价值观之上的，其经营战略就要建立在一切以市场为中心基础上的全球经营战略。目前我国的 TCL 公司就是按照这种经营模式来实现全球经营。

"全球经营"战略核心业务流程分为以下五步：

第一步：全球产品计划（WWPP）。每年 1 月提出，包括产品技术评估，客户输入，产品竞争力评估，技术与产品开发基金，产品开发计划。

第二步：全球产品策略。每年 3 月提出，包括市场评估，竞争力评估，业务发展战略，人员、技术和市场动态整合。

第三步：全球产品运营计划。每年 4 月提出，包括年度运营计划发展，预算，投资基金，销售预测，营业利润率，现金流量。

第四步：经营业绩总结。每年 12 月进行，包括年度遵守国家、地方法规、环保规定和公司政策情况总结。

第五步：奖惩。每年 2 月进行，包括战略性"人员评估"，关键业务问题、组织调整、主要人才确定、接替计划和发展计划的评估。

总之，随着社会经济的不断发展，市场秩序的不断健全和完善，市场经济秩序越来越理性，越来越成熟，单靠一个点子、一个创意打天下的局面早已过去。企业要想获得长足稳定的发展，就必须有一系列的创新，就必须不断地实现创新，在战略上采取特色经营之道。

五、构建系统，一个环环相扣的战略目标体系

企业的规模和其所处的发展阶段主要决定着战略管理系统的规范性。

（一）设计模式

设计一个正规的战略管理系统，一般有下列四种模式可供选择：

1. 自上而下的模式

这种模式最显著的特点是：企业的高层管理决定整个企业的经营方向，

并对各个事业部或各个部门提出如何达到这一方向的具体指导。企业的高层管理人员可以集中精力去思考经营方向、制定达到的战略目标和可以贯彻实施的战略。

不足之处是，企业高层管理可能会因为没有经过深思熟虑，对下层各个部门或事业部不能给出详尽的指导；而且，有可能由于指挥不当而打乱了企业所执行的计划。此外，各个事业部的管理人员也可能会感到这种自上而下的指导对他们是一种约束。

2. 自下而上的模式

企业总部需要的信息有：主要的机会与威胁；主要目标；实现目标的战略、关于销售额、利润额、所要达到的市场占有率以及资金需求等的数据；一定时期所需要的员工数量等。在各个事业部递交计划后，企业高层管理人员对此加以检查与平衡，然后给予确认。

这种模式的优点是，企业高层管理人员对事业部没有具体的指导，这样各个事业部会感到计划中的约束较少，从而能够提出更加完善的战略计划；同时也给各个事业部提供了制订战略计划的学习机会。

这种模式的不足之处是，有些习惯于自上而下指导方式的事业部管理人员会感到无所适从，从而影响企业战略计划的完整性。

3. 上下结合的模式

所谓上下结合，是指在制订计划的过程中，不仅总部和各个事业部的直线管理人员经常联系和对话，而且总部和各个事业部的职能管理人员也参与计划制定活动。如表 5-2 所示：

表5-2 上下结合的模式中各级人员职责

各级人员	职　　责
高层管理人员	对各个事业部提出指导原则，但这些指导原则是粗线条的，它允许各个事业部在制订它们自己的战略计划时有很大的自由度和灵活性
中层管理人员	在与事业部经理们的对话中确定出企业基本的战略目标和战略
参谋辅助人员	在一起讨论制订计划手册中的变化，计划过程中所使用的数据等，并向经理人员推荐适当的战略

上下结合模式多为大型的分权制企业所采用，它的最大特点是可以产生较好的协调效果。从而，企业可以用较少的时间和精力形成更具有创造性的计划。

4. 小组计划模式

这种模式是企业的总经理与其他高层管理人员组成一个计划小组，由总经理负责，定期地共同处理企业所面临的问题。

小组的工作内容与成员构成具有很大的灵活性，可以因企业所遇问题的不同而采取各异的措施。在企业中，如果总经理与计划小组中的成员有良好的人际关系，这种模式可以有很大的成效。在这种模式中，对战略的评价是非常不规范的，凭直觉进行，并且在范围上是有限的。

在另一极端，对战略的评价是范围广泛的、规范的和具有多层性的战略管理系统的一个部分。这种战略管理系统模式被称为"计划性模式"（Planning Mode），它通常被大型企业所采用。

处于上述两种极端模式之间的第三种战略管理系统就是"适应性模式"。在这种模式中，企业所鉴别出的和评价的替代战略方案，与当前战略有极大的相似性。一般来说，中型企业在相对稳定的环境中大都采取这种模式。

（二）系统建立

战略决策程序贯穿企业各级别、各专业，决策内容涉及企业的各项技术和管理工作。完备的决策系统对于内外部环境进行持续监控和动态分析，不但能使计划赶上变化，而且可以有效地进行前瞻性决策、管理变化、领导变化。如何来构建战略系统呢？

第一步，在企业管理人员中树立战略管理的思维和意识，建立上至最高管理层，下至海外基层营运单位的战略管理系统。

第二步，制定包含目标确定、方案选择和评估、方案实施、追踪和反馈、方案修改和目标达成等步骤的战略决策程序，并落实到企业的各级机构。

第三步，结合激励机制保证程序的顺利实施。

第四步，在执行过程中，公司要对管理人员进行设计战略规划和制定实施方法的培训。

企业战略管理系统的建设是一项长期的、持续性的工作，在管理文化转变上要下大功夫，在决策系统的建设和决策程序的制定方面需要做深入细致的工作。

企业战略管理系统建设的成功在很大程度上取决于企业管理层是否有战略管理的理念，是否有决心通过企业结构和工作系统的革新来实现这一理念。所以，理顺决策主体的内部关系，建立科学管理制度，保证决策层的领导素质是战略管理能否成功的关键。

第六章　战略执行，企业核心竞争力的内部构建

企业是一个知识的集体，企业通过积累过程获得新知识，并使之融入企业的正式和非正式的行为规范中，从而成为左右企业未来积累的主导力量，即核心竞争力。

——美国战略学家哈默

一、核心竞争力，并非企业内部人、财、物的简单叠加

核心竞争力并不是企业内部人、财、物的简单叠加，而是能够使企业在市场中保持和获得竞争优势的、别人不易模仿的能力。企业间的竞争最终将体现在核心竞争力上。

核心竞争力是群体或团队中根深蒂固的、互相弥补的一系列技能和知识的组合，借助该能力，能够按世界一流水平实施一到多项核心梳程。具体地

讲，核心竞争力包括下列一些构成要素：

1. 研究开发能力

即企业所具有的为增加知识总量以及用这些知识去创造新的知识而进行的系统性创造活动能力。研究开发包含基础研究、应用研究和技术开发三个层次。

2. 不断创新能力

即企业根据市场环境变化，在原来的基础上重新整合人才和资本，进行新产品研发并有效组织生产，不断开创和适应市场，实现企业既定目标的能力。所谓创新，包含技术创新、产品创新和管理创新三个方面的内容。

3. 协调各生产要素有效生产的能力

这种能力不仅仅局限于技术层面，它还涉及企业的组织结构、战略目标、运行机制、文化等多方面，突出表现在坚强的团队精神和强大的凝聚力、组织的大局势和整体协调以及资源的有效配置上。

4. 应变能力

客观环境时刻都在变化，决策者必须具有对客观环境变化敏锐的感应能力，必须使经营战略随着客观环境的变化而变化，即因时、因地、因对手、因对象而变化。

（一）构建方法

如何构建核心竞争力呢？

1. 企业的规范化管理

企业的规范化管理是基础竞争力的管理。

2. 资源竞争分析

通过资源竞争分析，明确企业有哪些有价值的资源可以用于构建核心竞争力，如果有，具体应该怎样运用。

3. 竞争对手分析

对竞争对手的分析能够让企业知道自己的优势和劣势，企业平时要留意收集竞争对手的信息和市场信息，及时掌握对手的动态。

4. 市场竞争分析

对市场的理解直接影响到企业的战略决策。

5. 无差异竞争

企业在其他方面都不重视，只强调一项，那就是价格，也就是打价格战。

6. 差异化竞争

差异化竞争与无差异竞争相反，是指企业不依靠价格战，而是另辟途径，出奇招取胜。

7. 标杆竞争

所谓标杆竞争就是找到自己有哪些地方不如竞争对手，在超越竞争对手的时候设立标杆，每次跳过一个标杆，再设新的标杆，这样督促自己不断进步。

8. 人力资源的竞争

人力资源的竞争直接关系到企业的核心竞争力，尤其是在 21 世纪，人才最重要，企业必须重视人才、培养人才、留住人才。

（二）内容构成

核心竞争力主要包括这样一些内容：

1. 具备创新的技术

企业是否具备创新技术往往对其发展有着决定性作用。技术创新，它要求实现的是产品的功能性、独特性以及超越行业平均水平的尖端性。这种优势的技术，会为企业带来超过普通企业的客户关注度以及市场广泛度。

2. 具备创新能力的人才

即使是在信息时代，各种智能化设备的出现大大降低了对人力资源的要求，但是具备创新能力的人才依旧是这个时代不可多得的财富。因为创新技术，最终也必须是有创造才能的人才来完成开发设计。所以，在一个企业中，创新人才始终是一个企业能否引领行业潮流最重要的因素，它是企业构建核心竞争力的必要条件。

3. 优秀的企业文化

在现代化的企业制度中，企业文化的地位是被普遍认可和尊重的。企业的文化内涵，影响着企业的管理工作、人才队伍建设的水平等较为具体的方面。当前，企业是否具备优秀的文化，已经不再是企业内部员工重视的问题，越来越多的消费者在选择产品时，会考虑到一个企业的文化。这是因为，一个有着优秀文化内涵的企业，它会在社会责任承担、质量安全等方面获得消费者的信任，这是企业建设重要的软实力。

4. 品牌影响力

品牌是市场竞争加剧的产物，越来越多的企业重视品牌战略的打造。在商品高度趋同的今天，消费者已经很难从使用价值的层面来判断究竟哪一种产品是满足自己需要的，使用价值已经成为一种较低层次的需求。

品牌是一个企业的产品区别于其他企业产品的重要标志，它也是表示企业文化、价值、特色的符号。在现代社会，品牌影响力意味着财富的积聚程度，拥有广泛影响力、口碑良好的品牌对企业的发展有着至关重要的作用。

二、让计划支持目标实现，让预算支持计划执行

制订计划预算，旨在建立有效的计划预算过程，通过合理、有效的目标分解，让计划支持目标实现，让预算支持计划执行，同时让企业各部门在目标上达成协调一致的局面以降低内耗。企业要正确认识预算与计划的关系，保持预算与公司各项计划相统一。

企业经营计划是对企业一年或一个经营期间目标的一种描述，是粗线条的，而预算是对经营计划的归类分解和细化，并用会计专业语言进行组合、阐述和解释，更加具体化、明确化和严谨化，信息量大，可操作性强，权威性强。

预算编制是指各级政府、各部门、各预算单位制定筹集和分配预算资金年度计划的预算活动，是预算法必须规范的主要内容。预算编制应当遵守国家编制预算的原则，按照编制办法和程序进行。

1. 预算编制审批流程

预算文件经集团总部主要部门反复讨论修改后，以纸制文件形式向下属和控股公司下达，为便于部门汇总，由财务部门统一制作预算表格，统一下发。为防止各公司在理解上产生歧义，财务部门要专门召开一次预算布置会议，要求下属公司、控股公司及各职能部门预算编制人员参加，由财务部门的预算主管对预算原则和要求逐条讲解。

全面预算系统是以会计科目设置进行预算编制的，并带有辅助核算的。预算系统将从 U8 财务系统内部得到的会计科目及相关明细科目的历史数据进行分析，确定下一年度各个会计科目及相关明细科目的预算金额。也可以按项目进行核算，这样就可以细分到各个部门，按部门进行预算的控制。

系统制定好本预算期间内的各项预算额度后，不能轻易改动。之后每个部门只能报销在本会计年度内的预算指标额度。各个部门也可以将预算细分到人：比如，采购部门里面某个项目的某个人。因此，部门在制定预算的同时，还要将本预算年度内都有哪些业务，还有各项业务大致都需要的预算额度清楚地提交给系统，再由系统进行实时控制。

2. 预算编制方法

预算编制方法有这样几种，如表 6 - 1 所示。

表 6 - 1　预算编制方法

方法	说　明
增长百分比法	即在上一年度利润水平上，增长一定的百分比
量本利分析法	在预计销售量或销售收入增长百分比，固定成本、变动成本降低百分比基础上，确定目标利润
资产报酬率法	净资产报酬率不低于 10％；总资产报酬率不低于银行利率或资本成本
战略目标分析法	根据公司长远发展规划（战略规划）所规定的各年利润增长幅度，以及计划年度预计达到的利润水平，确定目标利润

3. 预算编制的原则

公司为合理配置本企业财务资源，在编制预算前，首先由财务部门根据公司的中长期发展规划和战略发展要求，明确各单位的发展方向，制定预算编制原则。

预算编制原则一般包括：

（1）确定成本费用控制重点。针对公司以往成本费用控制的薄弱环节，提出预算年度的控制要求。

（2）确定投资方向。公司战略发展方向的产业和核心企业，在基建投资、固定资产零星购置、融资规模上都应给予支持，也允许个别企业的管理费用在上年度基础上有所突破，但前提是营业收入要比上年度有大幅度增长；凡不符合公司重点发展的产业或行业，原则上不追加投资，其投资安排以当年的折旧来源为限，维持简单再生产，资金以上缴为主。

（3）保证预算的严肃性。企业领导要对预算的严肃性负责，确保预算编制在"资料收集—审查汇总—调整抵消—结果确认"全过程中做到"全面、准确、有序、合理、合规"。

4. 预算编制的项目

预算编制的项目主要包括成本费用预算、收入预算、资产负债预算、职能部门费用预算、财务指标预算、资本预算、现金流量预算。

（1）成本费用预算：包括营业成本预算、制造费用预算、经营销售费用预算、财务费用预算、管理费用预算、维修费用预算、职能部门费用预算。

（2）收入预算：包括主营业务收入预算，其他业务收入预算，营业外收入预算，投资收入预算，其他投资收入、投资处理盈利和亏损预算。

（3）资产负债预算：包括对外投资预算，无形资产和递延资产购建预算，固定资产增减分类预算，固定资产零星购置、固定资产报废预算，基本建设预算，往来款项预算，借款和债券预算。

（4）职能部门费用预算：一般由各职能部门根据各自在预算年度应完成的任务来确定费用基数，负责本部门费用预算编制和上报。财务部门以上年实际数为基础，综合预算年度的任务量再进行调整。

（5）财务指标预算：财务指标有简单的，如净利润、管理费用等，这些指标从会计报表中直接可以得到，它提供的实际上还是会计信息；而有些指标是复合的，如投资资本回报率、资本金回报率、自由现金流、息税前营业利润等，这些指标不能直接从会计报表中获取，需要经过几个财务指标的对比计算才能得出，它体现出的是财务信息。

三、提升个人执行力，提高团队执行力

企业成败的关键是团队，个人的力量相对于团队而言是渺小的，就像手掌一样，任何一根手指的作用都是有限的，但将五根手指组合起来，握成拳头，那它所形成的威力将是巨大的。作为管理者，如果把团队中的内部结构完美组合，它们所形成的整体力量要比个体力量之和都大许多倍。

企业要做大，需要有正确的战略，而要做强则要有很好的执行力。也就是说，一个是为团队指明方向，一个是让目标落到实处。再好的战略得不到好的执行力，也就成了"临渊羡鱼"。

团队执行力就是"当上级下达指令或要求后，迅速做出反应，将其贯彻或者执行下去的能力"。如果团队执行力不强，会让本来很好的战略成了镜中花、水中月，最终付诸东流，成为一纸空谈。

（一）团队执行力差的现象

在实际工作中，团队执行力差的现象主要有：

1. 分工不明

有的企业没有明确的能够落实的战略规划和策略，有些企业政策经常变，再加上信息沟通不畅，使员工们很茫然，只好靠惯性和自己的理解去做事。这就使员工的工作和企业脱节，企业的重要工作不能执行。

如果部门之间的分工不明，哪个部门该做哪些事分不清楚，没有白纸黑字写下来，往往出现不该自己部门做的事情坚决不做，是自己部门的事情也要等等看的情况，大大降低了团队的执行力，还有可能给企业造成巨大损失。

2. 职责不清

团队内部，每个人每个岗位到底该做什么事，没有定位清楚。每个人只是大概知道我要做哪些事，但又都是可做可不做的事情，这样整个团队就没有执行力了。所以，管理者要让员工清晰：我到底该做哪些事？只有这样，员工才能把他该做的工作做好。

3. 考核不严

有一句话大家都耳熟能详：员工不会做你希望做的事，只会做你要检查的事。这样经常出现两种情况：

（1）没人考核检查。工作只要做了，做得好与坏没人管。或者是有些事没有明确规定该由哪些部门去做，职责不明确，所以无法考核。

（2）考核检查的方法不对。监督检查原则的混乱和自相矛盾，在考核指标内容、项目设定以及权重设置等方面表现出无相关性、不科学合理、随意性突出，常常体现出长官意志和个人好恶，任意更改，难以保证政策上的连续性、一致性。这样在企业中常出现管理"真空"或者管理重叠现象，会导致事情无人负责的情形。

4. 待遇不公

所谓待遇不公，就是企业薪酬的设计不科学，太过失衡，干多干少一个样，干好干坏一个样。有人认为平均就是公平，管理者如果努力这样做的话，结果将变得一团糟。不管怎么做，回报都是相同的，会让每个人都缺乏积极性，会直接导致企业的亏损。

"平均主义"的所谓公平就是对积极工作的员工最大的不公平，会犯众怒，因为每个人都不满意。要给最优秀的员工颁发奖励，通过对能力与业绩的考核，体现出团队对业绩重视程度的高低。

(二) 提高团队执行力的办法

企业想要发展，靠的不是个人的英雄主义，而是团队。团队用战略获取胜利果实的时候，还要用执行力去打造无坚不摧的竞争力。所以只有执行到位，才能够应对多变的环境，为团队赢得先机。

要提高团队执行力，首先必须明白什么是执行力。所谓的执行力就是为了贯彻战略意图，完成预定目标的操作能力。它是企业把战略规划转化为效益的关键，那么，如何提高团队的执行力呢？

1. 营造良好的执行环境

一个企业、一个团队的任何一项举措都需要有与之相适应的执行环境。环境影响人的行为。革命年代，英勇的革命战士为了取得战争的胜利，坚决执行党的决定和战术安排，去掉自己的私心杂念，上下同心协力，抛头颅、洒热血，最终战胜生与死的考验，取得战争的胜利；相反，敌人之所以以失败告终，并不是因为他们的指挥官决策不高明，战术不灵活，很大程度上是由于他们内部没有形成良好的执行环境，打起仗来，军心动摇，阳奉阴违，将士不用力，甚至贻误战机，从而招致失败的命运。

2. 打造学习型团队

知识是人类进步的阶梯，提高团队执行力也离不开知识的积累，一个可持续发展的企业，应该不断地为自己的团队输送新鲜血液和营养，永葆团队的青春活力，那么提高团队的执行力又要具备哪些素质呢？

（1）培养爱岗敬业的团队。

人们常说，既来之，则安之。人的一生对于绝大多数人来讲不可能只从事一项工作，这就需要我们团队的每一位员工热爱本职工作，勤于钻研，熟练掌握工作流程，与公司、团队同呼吸共命运，形成团队的合力，提高团队整体工作效益。

（2）培养和建立有组织能力的团队。

建立有组织能力的团队是提高执行力至为关键的一环。为什么这么说呢？因为公司的每一项决定或日常规章制度都要靠团队去组织实施，一个组织涣散、没有凝聚力和没有良好操作能力的团队又怎么能够去提高执行力呢？

没有执行力或执行力不到位就会导致工作被动，完不成公司预定的目标，甚至给企业带来负面影响，产生巨大的无形损耗。理解和掌握制度的内涵是提高执行力的基础，周密计划、科学安排是提高执行力的关键。

提高团队组织能力还必须要求团队的每一个人在任务面前心往一处想，劲往一处使，团队合力越大，执行力越强；反之，合力越小，执行力越弱，斥力和内耗是影响执行力的天敌，我们在工作中要团结同事，以身作则，整体推进，这样才能众志成城，真正提高团队的执行力，把各项任务完成得有声有色。

（3）打造务实奋进的团队。

千里之行，始于足下！无论多么美好的愿望和周密细致的组织计划，归根到底都要落实到行动上。没有执行力就没有一切，执行对于公司来讲不仅仅是个人行为，它更是团队的共同行为。

在工作中不能只当裁判，只有兢兢业业，勤勤恳恳，以身作则，务实奋进，整个团队才能更好地执行每项工作。光有务实的工作作风还不够，个人和团队还必须具有职业化素养，在工作中既坚持原则，又积极主动；既承担责任，又遵守制度，以开放的心态去执行好公司各项规章制度。

四、落实员工责任，汇聚和激发每个人的能量

"天下兴亡，匹夫有责"，说的是公民对社会的责任；"把信送给加西亚"，说的是企业员工对企业的责任。在现代社会，企业希望员工能自动自发、不折不扣、坚定不移地承担起自己的责任。如果每个员工都能做到这一点，那么企业就具备了强大的竞争力和发展后劲。

最近新浪网有披露显示，根据一项调查，当今社会具有高度敬业感的企业员工仅仅占33%左右。虽然这并不代表企业的现状，但是的确反映了一个侧面。所以，提高员工的责任感有现实的必要性。

（一）部分员工责任感缺失的原因

企业员工责任感缺失的问题，有以下几个方面的原因：

（1）没有认清当下社会飞速发展的国情形势，缺乏目标感，当一天和尚撞一天钟。由于没有目标，就不会产生责任，一个没有责任的人，是不成熟的人。

（2）少数员工素质不高，因为对自己没有信心，害怕承担责任。

（3）对自己的责任不是很清楚，不知道自己的责任所在。一天到晚看上去也忙忙碌碌，但是不知道忙的内容和意义。

（4）没有将自己真正融入到企业之中，对企业没有真正的认同感，随时在观望。

（5）岗位责任不明确，产生责任错乱。

（6）有一种错误的思想，害怕自己"吃亏"，只想多获取，而不愿多付出，甚至觉得勇于承担责任的人，不是"装鬼"，就是傻子。

（7）对问题有想当然的坏习惯，不愿意追根究底的落实。

（8）转型期社会浮躁风气的影响，只想一夜致富，不愿意踏踏实实工作，加上各种所谓职场成功学如《水煮三国》之类快餐文化的影响，将时间和精力放在了眼前的现实的利益上，不愿考虑责任。

（二）如何提高员工的责任感

通过以上分析，要提高企业员工的责任感，要有针对性的措施：

第一，加强对员工的培训教育。

这包括三个方面的内容：

（1）形势教育。认清形势、加强员工对企业的认同感和凝聚力是企业文化工作的一个重要内容。要让员工认清当前国家和社会的发展情况和未来发展蓝图，认清企业发展规划目标，激发员工的目标感和认同感，主动承担起更大的责任，可以以企业文化的形式展现出来。

（2）综合素质的培训。有些公司目前在教育和培训方面已做了很大的投入，并且取得了很大的成效。可是，只有员工的素质提高了，才能敢于承担责任，正确地承担责任。

（3）组织学习。要组织加强岗位规范的学习，使每一位员工明白自己的岗位责任。公司要多开展"执行力大讨论"活动，深化学习岗位规范。

第二，规范标准和岗位操作规程。

随着社会和企业的发展，执行标准和岗位操作规范会逐步与实际情况脱节，应适时地给予修订和完善。只有岗位职责明确了，责任才能落实到岗位，落实到个人。

第三，加强落实责、权、利的挂钩制度。

在社会主义市场经济条件下，不能忽视员工个人利益需求，只有真正体现了责任与个人利益的结合，才能有效地激发和提高员工的责任感。对履行责任表现良好的员工，要给予相应程度的奖励；对履行责任不好的员工，也要给予责任追究。

第四，利用企业文化宣传和营造正确的价值理念。

如果能完成好自己的本职工作，这样的员工是合格的员工；而一个具有高度责任感的员工，他会像上级一样去思考、去发现、去关注企业中存在的问题，并积极提出解决办法。要使每一位员工都具有高度的责任感，公司就要充分发挥企业文化的作用，大力鼓励、提倡、引导和激发出潜藏在员工内心的责任感。因为对企业的责任感不仅仅是员工对企业的付出，同样也是员工个人职业发展的需要。

五、贯彻绩效回报，形成企业与
员工持续双赢的规则

企业管理的各个方面都是围绕着人来进行的。只要有人存在的地方就必然存在着利益关系。管理必须满足各个利益相关者的需要，企业才能够得以生存发展。

在传统的观念中，企业和员工的利益是相对立的。管理者会把员工当作分享企业利润的敌人，在这种管理理念下，企业与员工是雇用与被雇用的关系，员工只是企业的一颗螺丝钉，管理者可以随意对员工发号施令，员工必须服从。

当时代发展到了今天，管理者已经越来越认识到在这个以服务为主导、信息密集、竞争激烈的时代，企业和员工的利益是一致的，因为个人的创造力、竞争力以及主动精神，才是现代企业竞争中最重要的资源。和谐管理就是为了达到企业和员工双赢目的，在这样的管理方式下，企业和员工的利益是一致的。

（一）把员工当作"合伙人"

管理者正视了员工在企业中的重要作用之后，就会突破那种把人当作企业的赚钱工具的观念，从而更好地发现人，将员工看作是企业的合作伙伴。毋庸置疑，合作伙伴的利益与企业的利益自然是一致的。

当管理者致力于和员工建立良好的合作伙伴关系时，员工就成为企业重要的、不可或缺的人。企业不会轻易解雇员工，而且会创造出最适合员工发展的工作环境；管理者会重视员工，关心员工的利益，满足员工多方面的需要，从而使员工感受到尊重，并充分调动员工的积极性和创造性。

反过来，员工感受到自己被当作企业的一个合作伙伴来对待，就会产生归属感和集体荣誉感，也会负起自己作为一个"合作伙伴"的责任来，积极主动去工作，为企业的发展献力献策，工作效率也会提高，从而为企业创造更大的价值。

可见，和谐管理能够在员工和管理者之间建立良好的合作伙伴关系，使企业和员工成为一个利益共同体，从而实现企业和员工双赢的目的。

调查显示，企业精英们离职的前三大原因是：工作和成绩得不到公司充分的认同和肯定；在公司里得不到充分的沟通和信息；在公司里或所在的岗位上没有发展的机会。可见，人的需求并不仅仅体现在物质方面，管理者仅仅把人当作一个追求物质财富、分享企业利润的"经济人"的这种观点是片面的。

当人们满足了基本的物质需要之后，就会有被尊重的需要和实现自我价值的需要。而管理者一旦把员工看作是合作伙伴，就会将人作为企业中的第一位因素来对待，将人的主观能动性发挥到最大。这一点在福特汽车的兴与衰上体现得十分明显。

亨利·福特是美国汽车业的一面旗帜，可以说，福特改变了美国人民的生活方式，他是美国人民的英雄，被誉为"20世纪最伟大的企业家"。但福特在管理上的独断专行和他与员工之间的对立状态，却使得他的企业惨遭"滑铁卢"。

在福特的观念里，员工无异于商品，对于不服从命令的员工可以随时扔掉，反正只要出钱随时能够再"买进"新的员工。从 1889 年开始，福特曾经两次尝试创办汽车公司，但最终都因为管理不善而失败。

1903 年，福特与其他人合作创办了美国福特汽车公司，后来，他聘请了管理专家詹姆斯·库茨恩斯出任经理。在詹姆斯的非凡管理下，1908 年，独霸天下的福特 T 型车诞生了。随后，T 型车极其迅速地占领了汽车市场，而福特汽车公司也一举登上了世界汽车行业第一霸主的宝座。

成功和荣誉让福特变得更加独断专行，他认为自己的所有员工都只是花钱雇来的，所以员工必须绝对服从自己，否则就只能离开。直到 20 世纪 20 年代，福特公司在长达 19 年的时间里，只向市场提供单一型号、单一色彩的 T 型车。他的销售人员多次提出增加汽车的外观色彩，但福特的回答是："顾客要什么颜色都可以，只要它是黑色的。"

因为不愿改动自己的汽车设计去适应市场需求，福特公司就这样停止了前进的脚步。因为福特听不进不同的意见，员工纷纷离职，最后连库茨恩斯也只得另觅他处。在 1928 年，福特公司的市场占有率被它的对手通用汽车公司超越。亨利·福特为他的独断专行付出了巨大的代价。

在亨利·福特晚年时，福特汽车公司已经风雨飘摇。他的孙子从祖父的手里接过了掌管公司的任务。为了挽救这个摇摇欲坠的公司，福特二世聘用了一大批杰出的管理人才，如原通用汽车公司副总经理内斯特·布里奇、后来担任过美国国防部长的麦克纳马拉等。福特公司在这些人的大力改革下重新焕发了生机，"福特王国"又一次迎来了它的事业顶峰。

但是，福特家族固执的血液又一次发作，福特二世继承了老福特的独断专行，他嫉贤妒能，为福特的再次辉煌立下功劳的布里奇、麦克纳马拉等人纷纷离开公司。福特二世还接连解雇了三位和他意见不合、功勋卓著的总经理。失去了人才的福特公司再次开始败落，最后只得把整个公司的经营权转让给了福特家族以外的人。

如果员工只是被当作商品，当作用工资雇来的打工者，那他们自然没有义务和公司同发展共命运。当员工不被尊重的时候，他们自然没有积极性，企业也不会取得好的发展。在独断专行的企业环境中，员工更倾向于消极抵抗，甚至是掉头而去，而不是努力去执行管理者的命令。

与员工建立良好的合作伙伴关系的企业则不同，在这样的企业里，员工得到了极大的尊重，他们的工作积极性也充分地发挥了出来，从而为企业创造出更大的价值。名列世界500强企业第42位的惠普公司的管理之所以优秀，靠的就是这一点。

在惠普，对人的重视是公司管理中最重要的一个方面。惠普采用了开放式的管理。

在惠普成立的18年间，公司没有设立专门的人事部门，以便管理者和员工之间保持高度的接近和联系。直到1957年，惠普成立了人事管理处，但是惠普的创建者比尔·休利特为它慎重地确定了角色和职能——它是只用来支援管理工作，而不是替代。

在惠普，没有一间办公室是装有门的，包括首席执行官在内。在公司里，所有的人都以名字相称，而不是称呼头衔。公司鼓励员工用最简单和直接的方式进行沟通交流。员工在遇到任何问题时，都可以找到管理者进行沟通交流。公司的实验室备品库是不上锁的，工程师不仅可以在工作中随意使用这些备品，甚至可以把它们拿到家里去供个人使用，这样的充分信任使得公司成为大家共同的家。

1976 年惠普在波布林根工厂实行了弹性工作制，现在这样的工作方法已经在惠普的大部分工作岗位上广泛使用。公司里没有时间表，不进行考勤。惠普人事政策的主要原则是利益分享。员工和管理者一起分担制定和达到目标的责任，通过股票购买计划分享公司所有权，分享利润，分享个人与专业发展的机会，甚至分担因营业额下降所引起的麻烦。

在这样的管理方式下，企业对员工充分信任，和员工以合作伙伴的关系共同发展，所以，员工也以同样的信任回报了企业，和企业同甘共苦。在利益一致的基础上，企业和员工的利益都在同步提高，从而达到了双赢的目的。

（二）员工第一，顾客第二

在激烈竞争的市场条件下，几乎所有的企业都强调了顾客对于企业的重要性。为了争取更多的市场占有率，许多企业提出了顾客就是上帝的口号，十分重视顾客的需求和意见。

但企业对顾客的重视并不是停留在表面上，就能被顾客所感知的。顾客能否对企业感到满意，并不完全取决于企业推出的种种措施和政策，还在很大程度上受企业员工的服务态度、主动性等的影响。只有对企业满意的员工才能为顾客提供周到全面的服务，才能获得顾客的满意。所以，要想获得顾客的满意，首先要获得员工的满意。

假如管理者认真关心自己的员工，竭力了解员工的工作和生活，改善员工的工作环境，保全员工的利益，使员工心情舒畅，员工自然就会努力按照顾客的要求满足顾客的需要。相反，如果企业对员工冷漠、严苛、不信任，员工对企业怒气冲天，那么在服务客户的时候，员工的这种不良情绪就会降低服务的标准，难以给客户带来良好的感受。

惠普公司就声明要给顾客提供最好的服务：客户总是希望惠普的产品和服务具备最高水准，同时希望所获价值亦能持续长久。为满足客户要求，所有惠普人，尤其是经理人员必须率先积极热情、加倍努力地工作。

同时，他们的管理理念中仍旧声明了员工的重要性："我们面对任何情况都坚信：只要给予员工适当的手段和支持，他们就会愿意努力工作并一定会做得很好。我们吸纳那些能力超卓、个性迥异及富于创新的人加入惠普，我们承认他们对公司所做的努力和贡献。惠普人积极奉献，并能分享其通过努力所获得的成功。"

一个企业的管理者时时为员工的成功感到欣慰的时候，同样是员工对管理者的回报在一天天增加的时候。企业和员工是合作伙伴关系，合作伙伴的成功就昭示着企业的成功。即使是员工的高薪也不会剥夺企业的利润，因为企业成本增加的同时，它的利润更是在快速增长。

日本著名企业索尼公司从"二战"后一家仅有20人的小作坊一跃而成为今天年销售额达到300亿美元的大型跨国公司，与它依靠科技、不断创新的理念是分不开的。但索尼的创始人盛田昭夫深深地知道，不管企业有怎样的创新都离不开员工的贡献。

索尼有一个政策，不论身在何处，什么职位，只要是索尼的员工，就是大家庭中不可分割的一份子。在索尼，员工和管理者之间相处融洽，亲如一家。不管是管理人员还是普通工人，都穿同样的工作服，在同一个食堂吃饭，都有权利对企业的工作提出自己的看法和建议。即使后来公司的规模扩大了，盛田昭夫也坚持与员工进行密切的接触。

一次，盛田昭夫注意到一个小伙子闷闷不乐，就耐心地询问他。听说他是因为自己的意见得不到上司的注意而苦闷，盛田昭夫立即重视起来。他们发行了一份内部周刊，及时通报各部门的工作情况，并建立了内部职位流动的制度。

正是由于管理者重视员工的意见，员工的创新精神才得以充分发挥，使得索尼保持着同行业技术创新的先导地位。对于一个企业来说，顾客是上帝和员工是上帝在根本上是统一的。和谐管理使两者相互统一，使企业和员工产生双赢。

第七章 战略评价，调整和完善
企业战略的重要环节

管得少，就是管得好。

——通用电气公司总裁杰克·韦尔奇

一、战略评价，让你知道战略实施后
是否达到预期目标

战略评价是检测战略实施进展，评价战略执行业绩，不断修正战略决策，以期达到预期目标。战略评价包括三项基本活动：考察企业战略的内在基础；将预期结果与实际结果进行比较；采取纠正措施以保证行动与计划的一致。

战略评价的标准有如下几个：

1. 一致性

战略的一个关键作用是与企业的活动相一致，然而，在实际工作中，不一致性是司空见惯的。下面是一些具体的问题：

（1）协调和计划上的问题是由于管理不善还是人为因素所致？如果不是人为因素，那可能是因为战略的不一致所造成的。

（2）企业中某一部门或单位的成功是否意味着另一个部门或单位的失败？如果是这样，那么这个战略很可能是不一致的。

（3）尽管权力下放，作业上出现的问题是否要继续上交企业主管人员来解决？如果是这样，那么这个战略很可能是不一致的。

2. 和谐与适合性

企业与环境之间的关系需解决好两个问题：企业必须配合和适应环境的变化，并同时与其他试图适应环境的企业相竞争。下面是一些具体问题：战略选择方案在多大程度上处理了战略分析过程中发现的问题？战略是否善用了企业的优势和机会？战略是否与目标相一致？战略在处理瞬息万变的环境方面是否有足够的灵活性？

3. 可行性

在企业设备、人力和财务资源因素的制约下，是否能够推行所制定的战略是个很关键的问题。可以提出一系列的问题：

（1）企业是否有解决问题或者实施战略所需要的特别能力？

（2）企业是否有实施战略所必备的协调和综合能力？

（3）企业是否有实施战略所需的资金？

（4）企业是否有能力达到预期的水平？

（5）企业是否有能力应付竞争对手的行动？

（6）企业能否获得必须的材料和服务？

4. 可接受性

可接受性是指战略是否与主要利益相关者的期望相一致，可以提出的问题有：财务风险变化如何？战略会对资本结构产生什么影响？所考虑的战略是否适合现行的系统？是否需要大幅度的变革？在多大程度上战略会影响与主要利益相关者的关系？战略对企业内部各部门的职能和活动会产生什么影响？

5. 优势性

竞争优势一般与下列三个问题有关：较多的资源、较强的技能或者较有利的地位。前两个因素代表了企业强于或优于其竞争对手的能力。根本的问题是：哪些技能和资源占竞争优势？

地位优势可以通过预见能力、较强的技能、较多的资源或运气得到，一旦具备了这种优势，企业可以维持其地位优势，应该提出以下具体问题：战略是否能通过提供值得信赖和可靠的产品与服务而给企业带来一定的声誉？在满足市场需求的过程中，战略是否有助于企业积累独特的经验？战略是否能使企业在地理位置上更接近主要的顾客？

二、执行五项评价标准，进行科学准确的战略评估

战略实施、战略评估共同构成战略管理的全过程。企业所在的内外部环境的变动性，决定了要保证战略管理过程的顺利实现，必须通过战略评估体系对制定并实施的战略效果进行评价，以便采取相应的完善措施。可见战略评估决定着战略管理的成败。

战略路线图

在实际操作中，战略评估一般分为事前评估、事中评估和事后评估三个层次，如表7-1所示：

表7-1 战略评估层次

层次	说　明
事前评估	即战略分析评估，是一种对企业所处现状环境的评估，目的是为了发现最佳机遇。属于事前评估
事中评估	即战略选择评估，是在战略的执行过程中进行，对战略执行情况与战略目标差异的及时获取和及时处理，是一种动态评估。属于事中评估
事后评估	即战略绩效评估，是在期末对战略目标完成情况的分析、评价和预测，是一种综合评估。属于事后评估

具体而言：

1. 战略分析评估

战略分析评估指运用SWOT分析法，评估企业内外环境状况，以发现最佳机遇。此种评估也可称作现状分析评估，一方面要检查企业现行战略是否能为企业带来经济效益，如果不能增效就要重新考虑这种战略的可行性；另一方面通过考察外部环境，判定在现行环境下企业是否有新的机遇。最后，结合两方面的结果，企业或继续执行原战略或采取适应环境要求的新战略。

战略分析评估主要包括以下几个方面的内容：企业的现行战略和绩效的分析；不同战略方案的评估；对企业相关利益备选方案的评估；竞争力的评估，即产品、市场、技术、人才、制度竞争力的评估。

2. 战略选择评估

战略选择评估是指战略执行前对战略是否具有可行性的分析。此处涉及很多的评估模型，如 SAM 模型、定量战略规划模型（QSPM）、Eletre 方法（E 方法）、战略规划评估模型（SPE）。它们的共同点是，首先对环境因素进行分析，然后制定判断标准并打分，最后计算出结果。

SAM 方法中所包含的数学方法主要有层次分析法、熵权系数法、主观概率和效用理论等。此种方法是针对不同战略方案进行可行性的研究，用数学的方法对不同的战略方案所面临的机会与威胁设定标准，通过数学的方法计算机会与威胁的权重，根据所得风险与收益的结果选择最优的战略方案。

3. 战略绩效评估

战略绩效评估是在战略执行的过程中对战略实施的结果从财务指标、非财务指标进行全面的衡量，本质上是一种战略控制手段，即通过战略实施成果与战略目标的对比分析，找出偏差并采取措施纠正。

使用平衡计分测评法，管理者可以从四个重要方面来观察企业：

（1）顾客如何看我们？（顾客角度）

（2）我们必须擅长什么？（内部角度）

（3）我们能否继续提高并创造价值？（学习与创新角度）

（4）我们怎样满足股东？（财务角度）

平衡计分测评法解决了传统管理体系的一个严重缺陷，它是从三个不同的角度测评绩效的指标，弥补了传统财务指标的不足之处。这三个角度是：顾客、内部业务流程及学习和发展。它们能使企业在了解财务结果的同时，对自己未来发展能力的增强和无形资产收购方面取得的进展进行监督。

三、战略更新，在新起点对战略进行连续性探索

为什么很多中小企业在经历过创业期的发展后，逐步进入了一个较为缓慢的发展期，有的甚至无法支撑企业的发展，最终倒闭？因为，大部分企业是由有着执着追求的创业者创立，他们或者基于对市场前景的预期，或者基于自身对产品的认可，或者是无心插柳之后的收获的激励等。

创业期，竞争对手可能对你有所忽视，消费者可能对你的产品产生很强的新鲜感，企业得到了快速的发展；但是接下来就开始进入一个充满竞争对手、消费者有更多选择的时期，如果此时的企业还是原来的战略，不能有效调整企业对自身的市场定位、产品的竞争力、企业内部形成的"惯性"等，后来的企业可能会在短时间内通过模仿和学习加速发展。特别是当企业强大的竞争对手发现该市场存在较大的市场价值时，其强大的企业资源和能力可能会加速市场的竞争，快速填满市场空缺，从而让这些新创企业的市场、资源等得不到发展。

从这个角度看，中小企业经过创新期之后，需要考虑的不仅仅是企业的资源和能力问题，特别是仅依靠产品的新奇和质量取胜，更要从战略上的更新来确保企业的发展。

"一成不变"的企业战略，看不到企业内部、外部环境的变化，会让企业的强势不"强"，弱势更弱，在市场竞争中难免败下阵来。当其他的公司忙着创新产品、根据市场变换作战方案，而你却一直一成不变，在竞争激烈

的市场上将很快失去自己的一席之地。因此，在企业的发展过程中，一定不能采用一成不变的方案与模式。

战略的实施过程存在较长的时间滞延，在不同的时期，企业所采取的战略会随内外部环境的变迁而导致战略模糊，模棱两可。企业自身环境的变化，外部环境的制约，都将会使企业不能适应变化而遏制企业的发展；同时，时间上的变迁，也会降低企业战略目标的指导性。

外部环境和企业资源组合是变化的，战略是有机的，因此，企业必须持续评估所处的环境并随时做出调整。企业战略目标的确立是一个动态的过程，要随时间、环境的变化而不断地改善，如此才能进一步增强战略的灵活性和可控性，始终保持企业战略的指导性。

一成不变的企业战略没有跟随环境的变化而变化，受环境因素的抑制，战略目标的灵活性和可控性降低，不能有效地指导企业的发展，会让企业的成长偏离战略目标，或企业的规模扩张超出成长各阶段的承受能力，必然阻碍企业的成长，这就是我国大多数私营企业失败率高、自然淘汰率高的根本原因。

在企业总体战略目标指导下，企业每个成长时期都应制定与其外部环境相适应的一系列子战略目标，并与总体战略相一致，如此企业才能有步骤、有计划、有规律地发展。

同时，在战略实施过程中，要加强对外部环境的敏感性。在调节环节中，要时刻关注环境因素的变化，不断调整和完善企业的战略，加强对企业战略的管理，增强企业战略的灵活性和可控性，摆脱各种抑制企业成长的因素，促进企业向纵深发展。

第八章　战略创新，改变
原来的竞争规则

创造性模仿不是人云亦云，而是超越和再创造。

——哈佛大学教授西奥多·莱维特

一、创新与蜕变，企业长久发展的根本导向

做大做强是所有企业的共同目标，也是当前经济环境下企业生存发展的客观要求。可是，做大不是简单地扩大规模、提高产能和追加投资，做大了也不等于就做强了。市场风云变幻莫测，竞争更趋激烈，只有充满创新活力的企业才能在未来的经济秩序中拥有发言权！

在"第八届中国机械行业企业管理现代化创新成果奖"大会上，"春兰创新型矩阵管理"夺得新中国成立以来我国企业管理领域评选的唯一特等奖。

春兰的创新型矩阵管理有一个"16字方针"，主要内容是：横向立法、

纵向运行、资源共享、合成作战。

前8个字，重点解决的是集团和产业公司集权与分权的矛盾，力求放而不乱，提高运行效率。所谓"纵向运行"是指，保留"扁平化"，按照产业公司运行的特点，以产业为纵向；而"横向立法"是指，针对过去管理有所失控的问题，将集团的法律、人力、投资、财务、信息等部门划为横向部门，负责制定运行的规则，并依据规则对纵向运行部门实施监管。如此，横向部门"立法"并监管，纵向部门依然大权在握，更有利于发挥主观能动性和积极性。

后8个字，重点解决了资源不能共享的问题。把横向职能部门划分为A系列和B系列，制定运行规则，"立法"是横向中的A系列；B系列则负责实现对春兰内部资源的共享，为产业公司提供专家支持和优质服务。

比如，春兰的整个法律事务，在公司总部设一名法律副总裁，分管法律事务工作，对首席执行官负责；集团下设法务处，在法律副总裁的领导下，指导和管理集团所属各子公司法务工作；集团所属子公司根据工作需设立法务部门，在子公司负责人的领导下开展本单位的法务工作，业务上接受集团公司法务处的指导和管理。

按照原先的运行制度，48个部门都需要律师。而根据矩阵管理模式现在只设立一个法律顾问组就可以了，大大节约了管理成本，而且容易规范化。

创新力，即创新的能力。那么，创新力从何而来呢？首先要对创新有正确认识。关于创新的论述林林总总，见仁见智，其实，对于创新至少应包括以下几个方面：理念创新、管理创新、技术创新和市场创新。具体来说：

1. 理念创新

这是创新的核心和根本，主要指思维、方法、立场、角度的创新。善战者，不战而屈人之兵！要想取得非常的成功，就要采用非常的谋略和手段。企业要实现理念创新，要有高度的革新意识，不满足现状，不抱守陈规，时刻准备接受新思想、新事物；同时，要善于结合企业实际和当前国内国际产业环境，调整原有的方针政策，为应对即将到来的挑战做好准备。

2. 管理创新

管理创新的目的在于提高效率，其目标是获得持续稳定高效的运行机制。虽然说，管理更多地依赖于制度，但制度的建立和完善则需要创新。管理需要公平公正，更需要因时因地因人因事采取灵活务实的策略。否则，再好的制度一旦僵化处理，生搬硬套，只会给企业带来一个枷锁，不会有任何收益。

时下，各种管理模式纷繁冗杂、各有千秋，只有适合本企业又可以不断革新的，才会促进企业的长远发展。在某种意义上，获得一个懂得建立和执行制度的人，远比获得一个看似完美的制度章程要重要得多。因此，管理的根本在于人，在于人才的争夺和激励。

3. 技术创新

主要体现在基础研究、新产品、新工艺的开发上。企业的定位不同，技术创新的侧重点也不同，除少数知名的跨国公司可以在所有方面有很大投入外，一般企业的技术创新都依据所处产业链的位置体现在某一方面上，比如，上游企业重基础研究，中下游企业重产品开发和工艺研究。但是，通常来说，利润主要集中在中上游企业中，因此企业要加强自身的技术创新，尤其是关键领域的基础研究，根据自身情况逐步或直接向中上游靠拢。

4. 市场创新

也可以说就是市场开拓，不仅指营销策略和市场跟进，更重要的是开拓新兴市场。这需要大量有价值的市场调查和背后技术创新的有力支持，关键是市场培育和市场切入点的选择：市场培育是发掘一些潜在的、有巨大前景的市场机会，通过一定的前期宣传、产品试销等为后期的大批量生产销售打好基础；市场切入就是选准大批量进入市场的时机。

由上可知，创新力的获得与提升也是一个系统工程，需要有创新意识的决策层，需要鼓励创新的管理机制，需要高素质的技术研发人才，需要富有开拓精神的营销队伍。只有创新成为公司不可或缺的企业文化、企业精神时，创新力才能得以成长。

时下，所谓"世界工厂"、"世界制造中心"之类的冠名铺天盖地地出现在国内大大小小的各类媒体上。在世界经济市场化、一体化的大背景下，企业面临的是包括技术、人才、资金、市场等世界范围的全方位的竞争，过去那种靠模仿、低廉劳动力、一时的投机就可一夜暴富赚个钵满盆满的时代已经过去，未来的竞争是创新力的竞争！

二、模式创新，设计风格独特的战略模式

纵观世界发达国家经营和管理的发展史，在经济发展的不同时期，企业成功的关键在转换：

20 世纪 50 年代的关键在生产；

20 世纪 60 年代的关键在经营；

20 世纪 70 年代的关键在财务；

20 世纪 80 年代后的关键则在战略。

自改革开放以来，我国一些优秀企业家，学习、运用西方企业的战略管理科学和艺术，为本企业制定了正确的发展战略，创造了一批名优产品和名优企业。美国兰德公司的专家指出的"85% 是因为企业管理者决策不慎造成的"。由此可见，设计独特的战略模式，决定着企业的兴衰成败。

2005 年，PPG 进入男士衬衫行业时，发现竞技台上已经站满了重量级选手，如雅戈尔、杉杉、罗蒙、洛兹……这些传统的衬衫企业，都在做"加法"，它们往往拥有：原材料生产基地、上游印染、棉田棉纺厂、制造厂、物流中心、专卖店等。

这些传统衬衫企业在战略上相信，控制完整的产业链是获得竞争优势的关键。其中的代表就是雅戈尔，从上游的印染厂、棉纺厂，到中游的生产制造以及下游的物流中心、渠道分销等环节，它都实行了全面的产业链纵向一体化模式。

PPG 是一个新进的后继企业，要去建立传统的销售渠道需要漫长的过程，而且即使那样，也不可能变得和重量级选手一样重。在这样的情况下，该如何去挑战重量级？PPG 只有另辟蹊径，那么，该怎样去另辟一条新的道路呢？

按照商业模式的利润理论，产业链各环节中，哪里存在没有被满足的需求，哪里就存在着利润池。PPG 发现了传统服装行业的三个致命的问题，而且这三个问题正是服装行业始终存在的未被满足的需求。

第一，中国是纺织服装大国，拥有从产棉到加工制造的完整产业链，而且中国服装行业生产能力过剩，大量的产能找不到消化的出口。

第二，中国零售渠道的效率不高，如果一件男士衬衣的成本价是 1 元，通过零售渠道传达到消费者手里时就变成了 10~15 元。通常，一件衣服的零售价格是其出厂价的 7~10 倍。大量的价值被沉积在渠道环节，企业很难承受从实体生产厂到实体销售门店的压力。

第三，对于服装行业来说，库存管理一直是个大问题，它直接关系到企业的成本控制。传统服装销售企业要把货物发到全国各地不同的零售点、不同的批发商处，一般需要三个月的库存时间，至少需要 60 天的库存。这样，既会占用企业和渠道大量的资金，又会产生很多的浪费和不合理的成本。

针对这三个服装行业的顽疾，PPG 给出的答案是：商业模式创新，走轻公司模式的直销道路。就是去除传统产业里的一些浪费和不合理的成本，找回服装业失去的利益，将它通过优质低价的方式还给消费者。

PPG 自己没有工厂、没有实体的分销渠道、没有店铺，省掉了传统服装企业大部分的固定资产投资，将 PPG 品牌衬衫交给位于长三角地区的七家合作企业贴牌生产，PPG 只负责供应链和呼叫中心的管理，消费者通过广告和邮件目录获得产品信息，然后通过无店铺的在线直销和呼叫中心订购产品。这样，PPG 就直接将产品交到了消费者手里，大大降低了产品成本，并减小了库存压力，不仅给企业自身减轻了负担、形成了优势，也把真正的实惠留给了消费者。

商业模式要获得成功，企业必须要有能力控制整条产业链或者通过控制产业链的关键环节来实现控制整条产业链。采用轻资产运营的公司，不能将所有环节都做成轻，要在该轻的地方轻，该重的地方就要重，有了重的环节，才能利用重的环节去掌控轻的环节，并利用重的环节去控制整个产业链。

如果企业的所有环节都是轻，那么链条中各环节的产业风险就会被放大。如果资产的"轻"趋近于零，就会失去对产业链的控制力，链条上各环节的风险相加就会趋近于无限大，而这种风险，最容易在产业链的末端环节显现出来。虽然PPG走的是轻公司的道路，但是，对于整条产业链的控制，是PPG必须要具备的核心能力。

当今的中国商业环境，传统渠道走的是封锁路线，所谓的渠道为王、终端为王，其实质是渠道霸权和终端霸权，大超市、大商场、连锁卖场，拥有对市场的定价权、主导权和利润剥夺权，这种渠道霸权对于广大的中小企业来讲，是一个很难突破的"瓶颈"。

PPG直销商业模式的第一个意义在于，对传统的渠道霸权做出了突破，冲击了原有的传统渠道筑起的封锁堤坝，营造了一个新的、平衡的、更和谐的商业生态链。

PPG直销商业模式的第二个意义在于，它是在传统行业里的模式创新，这种创新的影响力就像连锁超市挑战了传统的百货商场，预示着商业模式的创新，不仅仅存在于新兴行业中，也存在于传统行业中。

正因为有了这样的传统行业商业模式创新的突破，所以我们才有理由相信，迈克尔·波特所说的那句话："没有不能赚钱的行业，只有赚不到钱的模式！"

三、事预则立，创新适于发展的市场决策体系

市场决策是老板、总经理、总裁管理企业时的基本职能。

市场决策的任务是在了解市场对企业产品需求的基础上，解决产品管理、营销策略及人力管理与组织转型等问题，这些问题同时作用于管理者的决策，就是我们所做的市场决策工作。

事实上，市场决策所针对的问题只有一个：在变化的市场面前，决策者如何使用一种科学的评价体系和衡量标准对大量的调研信息与问题进行综合的分析与研判，以便在决策中对诸多决策事项分出轻重缓急，并最终达到使企业自身实力与市场需求相匹配的目的。

（一）市场决策的六种要素

作为企业经营的决策则更是关乎企业的命运、社会的稳定。只有寻觅到了争取决策的奥秘，企业经营才能步入正轨。对决策起主导地位的因素主要有六个，它们分别是：智能、管理、技术、劳力、资金、资产。决策者必须合理处理好这六者之间的关系，才能体现决策的意义。

在决策中，首先，要考虑"人"的因素。因为人是以上几个要素里最具主观能动性的。

其次，要考虑"钱"的问题。企业的产品开发要钱、并购要钱、员工激励要钱、产品推广也要钱，"巧妇难为无米之炊"。

再次，要考虑"物"的因素。在决策的过程中，来自各方面的因素对决策的正确与否起着关键的作用。在衡量和判断一件事情的得失时，物的因素是考虑最多的。

最后，要综合考虑智能、管理和技术等方面的因素，这是最重要的。决策者必须懂得企业生产、经营的全过程，包括市场调查、技术开发、生产加工、广告策划、销售组织等各个环节。在这个过程中，最重要的是投资项目或产品的选择与确定。决策正确，可能为一个企业带来几百万元、几千万元，甚至上亿元的利润；而决策失误，则可能给一个企业带来毁灭性的打击。

（二）提高市场决策准确度

决策者必须具备"眼观六路，耳听八方"的能力，并养成勤于思考、善于抉择的好习惯，这样才能在市场面前立于不败之地。那么，如何提高市场决策准确度呢？

市场决策准确度的提高，要看四件事：

1. 决策者的市场走访

决策者必须经常走出办公室去了解一手资料，了解大家为什么不执行，是员工的问题，还是命令本身的问题？市场上遇到了什么困难？

2. 信息收集和上传通道

仅仅靠走访了解市场一线情况虽然直观，但不全面，还要建立更多的信息通道。下策是设立一些可能会流于形式的市场信息日报表，中策是建立信息平台，上策是专业信息岗位的设置。

3. 决策的产生

根据多方信息的反馈，加上领导的专业研判，如果再配合专业的数据分析模型，下一步的市场或管理方案就产生了。

4. 决策的校准

科学的决策校准有三个步骤，如表 8 - 1 所示。

表 8 - 1　决策校准步骤

步骤	任务	说　明
第一步	权限控制	超过权限你无权决策，交相关部门复核。即使是总经理、董事长的决策也最好交由财务审核，评估一下企业目前的财务和生产资源是否可以支持你的决定
第二步	议会控制	领导者的决策是让下属的业务、生产、储运部门执行。邀请他们一起讨论，可以收集更多信息帮你校准决策
第三步	实践验证	决策先在小范围内试验，改掉其中无法执行的部分，总结出可能遇到的问题和解决的方法，然后再进行大面积的推广

四、创新培训，提升企业学习力的重要方式

人才是企业的第一资源，有了一流的人才，就可以开发一流的产品，创造一流的业绩，企业就可以在市场竞争中立于不败之地。

西门子公司拥有"一揽子"的人才培训计划，从新员工培训、大学精英培训到员工再培训，基本上涵盖了业务技能、交流能力和管理能力的培育，使得公司新员工在正式工作前就具有较高的业务能力，保证了大量的生产、技术和管理人才储备，而且使得员工的知识、技能、管理能力得到不断更新。

培训使西门子公司长年保持着员工的高素质，这是其强大竞争力的来源之一。

1. 第一职业培训：造就技术人才

西门子公司早在 1992 年就拨专款设立了专门用于培训工人的"学徒基金"。这些基金用于吸纳部分 15 ~ 20 岁的中学毕业后没有进入大学的年轻人，

参加企业三年左右的第一职业培训。期间，学生要接受双轨制教育：一周工作五天，其中三天在企业接受工作培训，另外两天在职业学校学习知识。

2. 大学精英培训：选拔管理人才

西门子公司计划每年在全球接收3000名左右的大学生，为了利用这些宝贵的人才，公司提出了大学精英培训计划。进入西门子公司的大学毕业生首先要接受综合考核，考核内容既包括专业知识，也包括实际工作能力和团队精神，公司根据考核的结果安排适当的工作岗位。此外，西门子公司还从大学生中选30名尖子生进行专门培训，培养他们的领导能力。

3. 员工在职培训：提高竞争力

西门子公司特别重视员工的在职培训，在公司每年投入的8亿马克培训费中，60%用于员工在职倍训。西门子员工的在职培训和进修主要有两种形式：西门子管理教程和在职培训员工再培训计划，其中管理教程培训尤为独特。

西门子员工管理教程分五个级别，各级培训分别以前一级别培训为基础，从第五级别到第一级别所获技能依次提高。这些教程提高了参与者管理自己和他人的能力，使他们从跨职能部门交流和跨国知识交换中受益，在公司员工间建立了密切的内部网络联系，增强了企业和员工的竞争力，达到了开发员工管理潜能、培训公司管理人才的目的。

在某种意义上说，正是这种强大的培训体系，造就了西门子公司辉煌的业绩。

企业要在未来的竞争中保侍竞争优势，必然要求个人成为不断创新的个人，组织成为持续开发智力资源、云集精英、永葆战斗力的团队，那么教育培训、终身学习是个人与组织不断成长壮大的动力源泉，也是企业核心竞争力的根本。因此如何更新培训观念，创新培训模式，提高培训质量是企业培训要研究的新课题。

（一）更新培训观念

1. 员工的教育培训不能"一培永逸"

知识经济时代，面对当代瞬息万变的技术进步和不断创新的世界，面对知识经济、信息社会的严峻挑战，企业对员工教育培训不能"一培永逸"，靠一次培训就终身受用的时代已经不复存在；知识在更新，科技在进步，社会在发展，为顺应时代的变化与要求，企业要为员工的教育培训去创新、发展，为员工提供最好的培训。

2. 员工的教育培训要与职业生涯规划相配套

企业培训工作不是孤立存在的，它是整个队伍建设在人力资源开发的一个重要环节。长久以来，企业的培训都是培训主管部门制订培训计划，确定培训科目和内容，培训对象一般没有选择的余地。而这种不考虑培训对象需求和个性特点的比较粗放的计划方式，其弊端是显而易见的，也是造成培训主体参训积极性不高的原因。

因此，要推广实施全员职业生涯发展规划，帮助组织内的每个人制订个性化的职业生涯发展培训计划，使职业生涯规划与员工的教育培训相配合。

（二）创新培训模式

1. 创新培训机制

建立培训项目自我申报、鼓励自我开发的制度，逐步形成"组织调控、个人自主"的开放式培训模式，把员工教育培训从组织行为向个人行为转化，从微观管理向宏观调控转化，从统包统揽向指导监督转化，将组织制订培训计划与个人申报培训需求相结合，建立培训自主选择机制。

2. 形成三大教育培训理念

（1）大教育的理念。企业员工的教育培训不能局限在办班、办讲座、单纯搞培训上，要与员工的日常教育，与员工的考核、选择、管理、监督等有机结合起来。

（2）终身教育理念。现代社会，要充分认识到学习的极端重要性，以开放的积极进取的心态努力学习。"信息社会已经把所有的人都转变成终身学习者了"。

（3）集体教育理念。将个人培训与组织学习相结合，集体促进个体，以个体影响全体。研究表明，个人的培训学习只有与组织或团体的学习相结合，才能在共同学习、相互启发促进的环境中改变行为，共同进步。

3. 将在职培训与课堂教学相结合

课堂教学与社会调研、考察学习、专题研讨相结合；传统教学手段与电气教学、远程教学、网络教学相结合；在职培训与课堂教学相结合，创新培训形式，增强培训效果。

在培训中提倡互动式的教学方式，促进师生间相互沟通、活跃思维，消除障碍、改变心智模式。同时，在教育培训中，要大力提倡"企业教练"、"工作轮换"等在职培训方式，促进课棠教学内容的消化吸收，改善课堂培训与实际联系不紧密的局面，使理论有指导实践的机会，增强培训效果。

4. 引入教育培训考核机制

引入考核机制，建立健全企业培训制度，推进企业培训制度化进程，逐步把员工教育纳入整个企业的制度体系中。实现员工教育培训的经常化、制度化、规范化、标准化的有序运作，形成教育培训与考核的常态运行机制，使每位员工参加培训都有针对性，有利于培训、考核、使用、待遇一体化机制的建立。

（三）提高培训质量

为提高培训质量，企业培训要逐渐实现四个转变：

1. 由知识灌输型为主转变为能力提升型为主

随着受教育者知识的积累，更需要其能力上的提高。如何使知识转化为能力是当前企业培训要重点关注的问题。培训主管部门应积极探索引进案例教学、情景模拟、拓展训练、考察实习等新的培训方式、方法，丰富培训内容，将培训逐渐从知识灌输型转变成能力提升型。

2. 由满足型为主转变为引导型为主

以往的企业培训，最大的特点是强调满足培训对象的需要，包括满足企业的需要，并经常将是否满足需要作为测量培训成果的一个重要指标予以评价，这无疑是正确的。

可是，社会经济瞬息万变，仅仅靠个人和企业原本的经验进行培训需求的选择已远远落后。职业的培训机构和培训师，一般都能预见并提出社会、企业、个人等在不同层次、不同方位的多类培训要求。因此，企业要将适时培训和预期培训较好地结合起来，用前瞻的眼光和创新的思维来设计新的培训目标和内容。

3. 由知识更新型为主转变为智能增强型为主

在社会经济转型时期，知识更新型培训永远是需要的。但这些知识的学习今后会越来越多地依赖于智能的增强。人们通过多种途径学习和更新知识，而智能的培训则将更多地依仗培训机构的努力，包括精心设置的环境、课程，特别是成功的模拟或实训。

智能培训应该具有以下特征：

首先，强调智力的训练和提高，尤以思维能力的全面提高为支柱。

其次，要尽量与国际标准和行业规范相结合。

再次，通过培训达到企业对各类高中级管理人员的特殊要求。

最后，要与学员的素质测评、工作观察、同伴评价和组织鉴定等多种评估方法结合起来进行科学的评价。

4. 由大众普及型为主转变为个性提高型为主

以往的企业培训，大多数都是以企业某一层的经营管理人员或某一工种的职工作为群体对象进行培训。班级大到一二百人，小班往往也有三四十人。这种面向大众以普及经营管理知识为特征的，面广量大的培训在今天依然是不可替代的。但随着时代的发展，个性化的差异与需求将越来越突出；培训就要尽可能创造条件为他们"量体裁衣"，实现个性化服务。

（四）改善培训方法

企业开展员工培训，可以有效地改进员工能力水平、提高员工工作效率等，这无论是对于企业员工还是对于企业，都是一件大有裨益的事，可是有些员工却不愿意参加培训。研究发现，这与许多企业开展的员工培训内容设置不合理、培训计划缺乏连贯性等原因有关。因此，企业开展员工培训要想获得好的效果，就要选择一种优秀的培训方式，要以使员工获得提升作为培训要达到的目标，并对员工培训加以创新。那么，员工培训如何创新呢？

1. 培训内容要有前瞻性

企业培训不仅是为了目前的需要，更要考虑将来的长远发展。培训内容的适当与否是培训是否有效的关键因素，为此必须做好培训前的需求分析。

所谓个人分析，就是找出某一员工现有的技能水平与要求的技能水平的缺口。培训的目的就是要填补缺口，雪中送炭。因此，企业就要建立一种持续的、经常性的培训机制，这种机制应涵盖企业的所有员工。

同时，还要选择适合的培训方法。例如，用于在岗培训的内部导师体系，用于强化培训的内部培训专家，利用外部培训资源将员工送到外部进行培训或邀请外部培训专家来企业培训等。

2. 培训计划要有系统性

根据企业现状及发展目标，系统制定各部门、岗位的培训发展计划。这样就搭建起了个性化发展的空间，提供了充分的培训机会，并实行培训与上岗资格相结合。

企业要制定一个具体、多样的培训主题，行之有效的培训计划，涵盖各个部门、各个层次。针对不同的培训对象，采用适当的主题、深度及培训形式。因为"一刀切"式的培训不会收到预期效果。

对高级管理者强调培训，也同样重要。培训往往是为提升低层员工而设立的，如果高级管理者不称职，整个培训预算将会付诸东流。

3. 课程设计要有针对性

要"有的放矢"，把握好培训的主题方向、要达到的目标，不能"漫无目的"地所有项目一起上；在一定时期内，还要主题明确、中心突出。

在培训形式上要灵活、生动、活泼，易于为员工所接受，切忌形式主义、走过场；要紧密联系实践，形成双方的良性互动，避免单向的灌输。

大部分跨国公司都有职位说明书，在职位说明书中都会列出该职位所需要的知识、技能和态度。所以，出于组织需要的培训就要结合职位说明书来进行。

4. 让员工认识到培训的重要性

很多员工认为，培训的重要意义在于获得证书，而忽略了培训的实质。切忌所有学员都有证书，每次培训需要保持一定比例的不及格者，这样员工才会努力并认真地参与进来。证书不一定要权威机构的，也可以是企业内部的，但要尽量将这个证书变得权威些，变得有吸引力些。

5. 改善软技能

改善员工的硬技能固然重要；同时，改善他们的软技能，如纪律观念、职业道德和献身精神更为重要。因为它不仅是硬技能培训有效性的保障，而且可以改变员工的工作态度。

6. 以人为本

企业打造学习型组织，除了持续有效开展各类培训外，更主要的是贯穿"以人为本"提高员工素质的培训思路，建立一个能够充分激发员工活力的人才培训机制，通过各种手段在企业内部建立起员工自发学习的组织氛围，帮助员工建立起"终身学习"的观念，培养员工自我提高的能力，通过员工价值的提升，促使人力资源增值，企业才能保持高速稳定发展。

五、创新企业文化，铸就企业灵魂

企业文化能使企业在 21 世纪保持长久的竞争力，企业文化创新也由一种全新的文化理念，转变为对提高企业竞争力有决定性作用的新型经营管理模式。一个好的企业文化氛围建立后，它所带来的是群体的智慧、协作的精神、新鲜的活力，这就相当于在企业核心装上了一台大功率的发动机，可为企业的创新和发展提供源源不断的精神动力。

创新关键是能够构建一套规则和机制，而文化则是这种规则和机制的灵魂。即使是同一个行业内的企业，创新的机制也会差别很大，而文化则是这种机制的决定因素。

华为与中兴，两家公司都很优秀，但文化迥异。两家公司都注重创新，因为在通信制造这个行业，没有创新肯定没法生存下来。不同的是，华为推崇以目标和业绩为导向的"狼"文化，非常的生猛；中兴则倡导以稳健和人本为导向的"牛"文化，也取得了极大的成功。

这两种文化的差异与企业创始人的个性和他们对人性的假设有很大关系，只要做到极致，就都能引领企业的快速稳定发展。

（一）方法

要打造以创新为导向的企业文化，主要有三种方法：

1. 强化危机意识，营造创新氛围

危机意识是打造创新文化的第一步，尤其是目前的中国企业，面临金融风暴的挑战，必须以更强的竞争力来应对危机。危机意识是创新的原动力，作为企业的高层管理者要经常在各种场合激发大家的忧患意识，并鼓舞大家应对挑战。

当年，华为的总裁任正非去日本松下公司参观的时候，发现无论是在会议室还是走廊，都张贴着一幅画，画的内容是一艘即将撞上冰山的巨轮，画的下面还写着一排字："能拯救这艘船的，唯有你！"

危机意识是日本企业文化的重要要素，也是支撑日本企业走向全球的精神支柱，这种意识也被融入到华为公司中，是华为文化的重要组成部分。

当然，创新是需要氛围的，很重要的就是要创造坦诚沟通的氛围。

3M公司医药部办公室的阳台扶手上，有很多镂空雕刻的装饰。因为公司发现，很多不同部门的员工在阳台倒水的时候会碰到并简单交流，这时端着水杯就会比较辛苦，所以公司为了鼓励各部门的沟通与交流，特意镂空了阳台的扶手。

企业也可以在办公室环境设计、办公布局、雕塑、画廊等很多地方，营造创新的氛围。

2. 制定创新机制，全员参与创新

创新需要一套完善的机制，包括创新的方法、奖励的标准，并能够做到及时、合理兑现。合理化建议制度是创新机制的重要组成部分，很多企业也都有，但实施的效果并不好，原因就在于忽略了文化的因素。

制定一套机制并不难，难的是让员工充分参与进来，并且充满了激情和热情。

有一个企业老总跟我抱怨，说："我最近发现，员工的创新动力没有以前强了，以前我跟员工聊天，员工总是有很多的想法，但现在，往往是说一些表面的话。"其实，我跟他们公司的很多基层员工都有过沟通，了解情况，所以告诉他说："因为你忽略了及时的反馈和奖励，员工贡献了自己的想法，却得不到响应，时间长了，大家就有点麻木了。"

由此可见，鼓励全员参与创新，要有及时的奖励，要能够树立先进的人物事迹，是十分必要的。在格兰仕公司流传着一个故事：

有一次，一个研发小组花了很长时间研发的一个产品失败了。根据公司规定是没有奖励的，可是总裁亲自请这个研发小组吃了一顿饭，鼓励大家不要灰心，从头再来。

3. 领导以身作则，完善激励机制

在创新文化打造中，领导的作用是决定性的，再完善的制度如果没有好的领导，实施效果也会大打折扣。

首先，领导要能够给予下属一定的权限和空间，如果管得过多过严，会压抑下属的创新热情。很多领导由于害怕员工出错，喜欢事无巨细地管理，时间长了，员工也会形成一种依赖的心态，凡事请示汇报，结果领导忙得焦头烂额，一个劲抱怨下属能力差，其实是他没有给下属锻炼的机会。虽然下属在独立工作时，可能会出一些差错，但如果领导不能容忍，这样的团队是无法具有创造力的。

其次，创新的源泉是企业在生产经营中出现的问题，不管是客户的抱怨，还是员工的牢骚，这些问题的解决本身就是一种创新。所以，企业要有良好的沟通渠道。

希尔顿有自己的顾客满意度追踪调查，每个月征求 6 万名顾客的意见，管理人员可以在线上看到整理后的意见，这样他们可以确切了解顾客对一系列涉及客服问题的看法，并制定相应的改善计划。希尔顿为此项调查的花费每年都超过 150 万美元！

同样，很多企业由于缺乏有效的公司内部员工之间、公司与外部客户之间的沟通渠道，所以总感觉创新无处着力。

创新重要的是构建一套机制，但如果得不到文化的支撑，那又会没有实际效果。过于注重物质激励，忽略精神层面的文化引导，是不会取得满意的创新效果的。

（二）四大趋势

企业文化创新，现已成为提高企业竞争力的、具有决定性作用的新型经营管理方式。当前，国内企业文化创新出现了一些新趋势：

1. 确立双赢价值观

企业价值观是企业文化的核心，它渗透于企业经营管理的各个环节，支配着从企业家到员工的思想和行为。因此，企业文化创新首要的是价值观创新。

在传统市场经济条件下，很多企业都奉行非赢即输、你死我活的单赢价值观。这种价值观既有迫使企业实现技术和产品更新的驱动力，也有滋生为打垮对方而不择手段以至于恶性竞争的弊端。

以高科技为基础的知识经济崛起，在使这种狭隘价值观受到致命冲击的同时，也催生出与新的经济发展要求相适应的双赢价值观。企业只有奉行双赢价值观，才能不断地从合作中获得新知识、新信息等创新资源，提高自身的竞争实力，在激烈的竞争中左右逢源，立于不败之地。

海尔集团不参加与同行间的价格战，坚持靠产品创新和服务来扩大国内外市场份额的成功经验，便是奉行双赢价值观的一个范例。

2. 选择自主管理模式

传统的企业管理模式，将人视作企业运营过程中按既定规则配置的机器零件，忽视人的自主精神、创造潜质和责任感等主体能动性作用；在管理过程中，较多地依赖权力、命令和规则等外在的硬约束，缺乏凝聚力。

随着市场竞争的深化，人的主体价值在企业运营中的作用日益重要，旧的管理模式越来越难以适应新的竞争形势，而体现人的主体性要求的自主管理模式逐渐成为企业的自觉选择。

新模式以先进的文化理念为核心，充分尊重人的价值，注重发挥每一个员工的自主精神、创造潜质和主人翁责任感，就会在企业内部形成一种强烈的价值认同感和巨大凝聚力，激发员工的积极性，并通过制度安排，实现员工在企业统一目标下的自主经营和自我管理，进而形成企业创新的动力和创新管理方式。

3. 既重视高科技又"以人为本"

科技革命和人本身的进步总是相伴而行的，二者相辅相成，企业创新过程离开了哪个方面都难以达到目的，企业的竞争力也难以得到真正提高。

有学者指出：高科技可以在一个阶段成为企业制胜的法宝，但更深层次的竞争最终应该是理念方面。"科技以人为本"这句话就包括了这层意思，这一见解反映了随着高科技的发展，现代人对生产和消费日趋强烈的人性化要求。

在这一背景下，企业创新只有把高科技与"以人为本"密切结合起来，才能提供既有高科技含量又充满人性关怀的新产品、新服务，才能开拓新的市场空间。否则，企业即使兴盛一时，终究会因受到消费者的冷落而退出竞争舞台。很多成功企业的一个共同经验就是，在新产品的设计和开发中，紧紧抓住了给予各层次的顾客送去真诚的关怀和温暖这个关键点。

4. 提高企业家综合素质

现代企业中，员工的素质是企业文化创新的来源和动力，而由于企业家在企业活动中的领导地位，企业家的素质又是企业文化创新的关键。"企业家短命现象"之所以会出现，其原因是多方面的，除了体制和市场环境等因素外，企业家不能适应形势的变化而实现自身素质的不断创新，是最根本的原因之一。

　　实践证明，企业家只有具备了融通古今中外科技知识与人文知识、管理经验与民风习俗，善于应对各种市场变化的智慧，才能具备不断创新的实力，获得市场竞争的主动权。

参考文献

［1］唐东方．战略规划三部曲：方法·实务·案例（第二版）［M］．中国经济出版社，2013．

［2］（美）约翰·R．韦尔斯．战略的智慧［M］．王洋译．机械工业出版社，2013．

［3］王吉鹏．如何制定战略规划［M］．企业管理出版社，2011．

［4］（美）罗伯特·卡普兰，大卫·诺顿．战略地图：化无形资产为有形成果［M］．刘俊勇，孙薇译．广东经济出版社，2005．

［5］杨增雄．企业战略管理：理论与方法［M］．科学出版社，2013．

［6］余明阳，戴世富．品牌战略［M］．清华大学出版社，北京交通大学出版社，2009．

［7］王岳川，胡淼森．文化战略［M］．复旦大学出版社，2010．

［8］张云，王刚．品类战略［M］．机械工业出版社，2014．

后　记

有"现代管理学之父"之称的彼得·德鲁克说过："一个企业不是由它的名字、章程和公司条例来定义的，而是由它的任务来定义的。企业只有具备了明确的任务和目的，才能制定明确和现实的企业目标。"

而与松下幸之助并称为日本"经营之圣"的稻盛和夫说，如果经营者认真学习、果断落实"经营十二条"，经营者就会判若两人。经营者变，公司的干部就跟着变，公司的员工也跟着变。这样只要一年，你的公司就会变成一个高收益、快增长、了不起的优秀企业。

看来，东西方的经营管理大师无不重视企业战略。这也说明，战略是企业的灵魂，不能确定自己的正确使命，企业注定走不远。希望读者能从本书中获益。

另外，一部著作的完成需要许多人的默默贡献，闪耀着的是集体的智慧，其中铭刻着许多艰辛的付出，凝结着许多辛勤的劳动和汗水。

本书在编写过程中，借鉴和参考了大量的文献和作品，从中得到了不少启悟，也汲取了其中的智慧精华，谨向各位专家、学者表示崇高的敬意——因为有大家的努力，才有本书的诞生。凡被本书选用的材料，我们都将按相关规定向原作者支付稿费，但因为有的作者通信地址不详或者变更，尚未取得联系。敬请您见到本书后及时函告您的详细信息，我们会尽快办理相关事宜。

由于编写时间仓促以及编者水平有限，书中不足之处在所难免，恳请广大读者指正，特驰惠意。